INHALT

CLEVER!
Sparfüchse aufgepasst! Mit diesen Tipps und Tricks können Sie zusätzlich Geld sparen oder etwas Besonderes erleben

LUXUS LOW BUDGET
Edles echt günstig! Ob Hotelsuite, Gourmetlunch oder Designeroutfit. Gehen Sie mit uns auf Schnäppchenjagd

W0229548

TOP **10**

> Um die Vielfalt und Atmosphäre New Yorks zu erleben, braucht man nicht viel Geld, sondern Neugierde und Unternehmungslust. Auf zu den Highlights zwischen Bronx und Brooklyn!

Insider Tipp **THE INVISIBLE DOG ART CENTER** [152 C4]

So schräg wie ihr Name ist auch diese Galerie in einem alten Fabrikgebäude, hier ist ständig etwas los! Jede Menge Kunst aller Sparten – 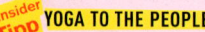 das meiste auch noch völlig gratis *(S. 23)*

Insider Tipp **YOGA TO THE PEOPLE**

Yoga bei Weltklasse-Lehrern, ohne Voranmeldung und auf freiwilliger Spendenbasis. Ein echtes Geschenk für die Stadt und jeden Besucher *(S. 40)*

Insider Tipp **GOSPEL SERVICE**

Viele US-Popstars haben in einer Kirche angefangen zu singen – wer zu einem Gospelgottesdienst geht,

versteht warum und kann gleich mitsingen. Sie können die eindrucksvollen Gotteshäuser in Brooklyn oder Harlem auch alleine, ohne organisierte Tour aufsuchen *(S. 45)*

Insider Tipp **STATEN ISLAND YANKEES** [153 D1]

Die kleinen Brüder der großen Yankees haben es schön: Man reist mit der Fähre zum Stadion, vorbei an der Freiheitsstatue, um dann mit freiem Blick auf die Skyline Baseball zu gucken. Feuerwerke nicht ausgeschlossen *(S. 46)*

Insider Tipp **99 CENTS FRESH PIZZA** [133 E4]

Mit einem *dollar slice* in der Hand durch New York zu schlendern, gehört hier zum Leben dazu. Und wenn das

EDITORIAL

> **Liebe Leserin, lieber Leser,**

paddeln Sie mit dem Kajak über den Hudson River, mitten in New York, und erleben Sie ein echtes Stadt-Abenteuer! Meditieren Sie nach fernöstlichen Riten in einer versteckten, edlen Oase – ohne einen Cent zu bezahlen! Oder bestellen Sie einen Drink in einer angesagten Bar und essen dazu gratis leckere Hot Dogs! Das sind nur drei der vielen Tipps in diesem Reiseführer, mit deren Hilfe Sie eine der teuersten Städte der Welt erobern können, ohne dass das Konto gleich ins Minus rutscht. Selbst weltberühmte Museen wie das MoMA bieten ausgewählte Zeiten, in denen der Eintritt keinen Cent kostet. Berühmt ist die Metropole auch für ihre Restaurantszene. Essen von allen Kontinenten, und das nicht nur lecker, sondern auch preiswert. Und selbst die Suche nach der Übernachtung muss nicht zu Schlaflosigkeit führen, denn auch hier lassen sich Schnäppchen finden. Bleibt noch das Phänomen Kaufrausch, dem New-York-Besucher genauso leicht verfallen wie der unbändigen Energie dieser Stadt. Keine Sorge, mit den Tipps dieses Reiseführers können Sie einfach loslegen – es wird günstiger, als Sie denken!

Viel Spaß beim Entdecken!
wünscht Ihnen Ihr MARCO POLO Team

UNSERE AUTOREN

CHRISTINA HORSTEN & FELIX ZELTNER sind Journalisten und leben seit 2012 in New York. Sie ziehen gerne und oft um: zwischen 2016 und 2017 genau 14 Mal. Ihr Wohnexperiment fand international Beachtung – und lieferte viel Inspiration für die Tipps in diesem Band. Kontakt: http://instagram.com/nyc12x12; felix@nyc12x12.com.

SYMBOLE:

 MARCO POLO INSIDER-TIPPS
Von unseren Autoren Christina Horsten
& Felix Zeltner für Sie entdeckt

 KOSTENLOS
Hier zahlen Sie keinen Cent!

Konto leer und der Abend spät ist, schmeckt die Pizza erst recht *(S. 50)*

 NEW FULTON FISH MARKET [153 E1]
Nur selbst geangelt ist frischer! Stehen Sie ganz früh auf und handeln Sie den freundlichen Händlern auf dem zweitgrößten Fischmarkt der Welt Luxus-Fisch zu Günstig-Preisen ab *(S. 69)*

 THE JANE HOTEL [132 B1]
Nah am Wasser im West Village schlafen Sie im Jane Hotel in *cabins*, wo früher die Seeleute hausten. Ein Landgang in das originelle Hotel, das dazu noch sehr günstig ist, lohnt sich *(S. 105)*

 MUSEUM OF THE MOVING IMAGE [153 D2]
Hier können Kids selbst einen Animationsfilm drehen, einen Streifen mit Soundeffekten unterlegen, Spielfilme synchronisieren oder Kinderklassiker im neuen Kino des Museums anschauen. Der Eintritt ist am Freitagnachmittag frei *(S. 116)*

 **ROOSEVELT-ISLAND-SCHWEBEBAHN** [139 D1]
Gleiten Sie über den East River und lassen Sie Ihren Blick aus der Vogelperspektive über die endlose Häuserlandschaft von Manhattan schweifen. Das wird einen bleibenden Eindruck hinterlassen! *(S. 123)*

 **THE UNCOMMONS** [132 C3]
Der ideale Ort für schlechtes Wetter, oder für eine Auszeit vom Trubel in Downtown Manhattan: Hunderte Brett- und Kartenspiele mit Suchtfaktor können viele schöne Stunden bescheren *(S. 123)*

> New York – die quirlige Weltstadt, deren Preise Ihnen nicht den Schlaf rauben müssen

Falls Sie Glück haben, erwartet Sie der erste unvergessliche Moment bereits im Anflug auf New York: der Blick auf die Insel Manhattan mit ihren Straßenschluchten, den Wolkenkratzern und weit geschwungenen Brücken. Von oben sind die Dimensionen der Weltstadt zu erahnen, ein brummender Kosmos mit vielen kleinen Planeten, eine Sammlung von Inseln und Halbinseln – ein atemberaubender Anblick. Auch wegen der Preise: Die Fahrt vom Flughafen Newark nach Midtown etwa kostet per Yellow Cab gleich mal $ 70 plus Trinkgeld. Allerdings kann sie genauso flott und kaum weniger komfortabel im Bus bewältigt werden – für gerade mal $ 15. Aber nicht nur Schnäppchen in Sachen Anfahrt sind Inhalt dieses Kapitels, sondern auch, wie man sich möglichst günstig durch die Stadt bewegt. Zum Beispiel mit den Big Apple Greeters *(S. 11)*, engagierten New Yorkern, die Sie auf ganz individuellen Touren durch die Metropole führen – völlig kostenlos! Und die Bekanntschaft mit einem waschechten Einheimischen gibt's auch noch gratis obendrauf. Zwar nicht kostenlos, aber doch ziemlich sparsam fahren Sie zum Beispiel mit dem City Pass *(S. 12)*. Und das sind nur zwei von vielen Tipps, die Ihnen den Start in die Stadt erleichtern.

START IN DIE STADT

ANREISE

VISUM UND FLUG

Laut der geltenden Einreisebestimmungen (ESTA) sind Sie noch vor Reiseantritt verpflichtet, online ein Formular auszufüllen *(https://esta. cbp.dhs.gov)*. Reisebüros und Internetforen können Ihnen dabei helfen. Als Reisender in der Economy Class dürfen Sie nur einen Koffer bei Transatlantikflügen einchecken, und der darf nicht mehr als 20 Kilo wiegen – sonst kostet es einen Aufpreis.

GELD

Mit einer Handvoll Dollar aus Deutschland einzureisen, kann sich lohnen – in New York Geld am ATM-Automaten abzuheben, kostet oft saftige Gebühren. EC-Karten funktionieren in den USA selten, die gängigen Kreditkarten dagegen in jeder Lebenslage, und auch Bezahlen per Smartphone ist in New York vielerorts möglich. Als Nicht-Dauerfernreisender könnte es sich lohnen, der Hausbank den USA-Trip vorab mitzuteilen, um lästige Sicherheitssperrungen der Kreditkarte zu vermeiden.

VOM FLUGHAFEN NACH MANHATTAN

Wenn Sie am Flughafen Newark in New Jersey landen, können Sie mit dem Taxi nach Manhattan fahren, (ca. $ 70 plus Trinkgeld), oder Sie wählen den deutlich preiswerteren Olympia-Trails-Bus nach Midtown-Manhattan *($ 15)*. Die Tickets gibt's am Schalter im Flughafengebäude. Die Busse fahren alle 15 bis 20 Minuten und brau-

chen etwa 60 Minuten, je nach Verkehrslage. Landen Sie auf dem John-F.-Kennedy-Flughafen (JFK) in Queens, können Sie den Airtrain besteigen *($ 5)*, der sie zur nächsten U-Bahn bringt. Alternativ gibt es Busse von JFK nach Midtown-Manhattan. Das geht schneller und ist nicht viel teurer: $ 19 pro Fahrt und Person, die Fahrtzeit beträgt rund 60 bis 70 Minuten – je nach Verkehr. Ein Yellow Cab (Achtung: immer am offiziellen Taxistand anstellen, nicht beschwatzen lassen!) oder Fahrservices per App wie Uber oder Lyft von JFK in die Stadt kosten pauschal $ 52, hinzu kommen Brückenmaut *(toll,* bis zu $ 12) und Trinkgeld (10 bis 20 Prozent).

ZEITUNTERSCHIED

In New York ist es im Vergleich zu Deutschland sechs Stunden später. Eine Ausnahme ist die Umstellung auf Winter- oder Sommerzeit. Die USA stellen zu anderen Daten um, das heißt, es entstehen tagelange Phasen mit fünf Stunden Differenz.

UNTERWEGS IN NEW YORK ▮
ÖFFENTLICHE VERKEHRSMITTEL

Mit Bus und Bahn kommen Sie gut in alle Ecken von New York. Am besten kaufen Sie gleich am ersten Tag eine Unlimited Ride MetroCard für $ 31. Günstiger geht's nimmer, denn mit dieser Karte können Sie so viel und so oft Sie wollen per *subway* und Bus durch die Stadt fahren. Sie erhalten sie an Automaten in jeder U-Bahn-Station und können mit Kreditkarte oder bar bezahlen. An jedem Schalter gibt es 🐷 kostenlos eine *subway map.* Manche Stationen haben getrennte Eingänge für Uptown- und Downtown-Züge. Achtung: *Express Trains* halten nicht wie *Local Trains* an allen Stationen.

Busse stoppen an jeder zweiten Ecke. Auch bei den Bussen gibt es welche, die nicht jede Haltestelle bedienen. Sie heißen *Limited* (Schild vorne im Fenster). Mit dem Bus sehen Sie viel von New York – haben aber den Nachteil, dass Sie nur langsam vorankommen. Wenn Sie es eilig haben oder große Strecken zurücklegen müssen, ist die U-Bahn auf jeden Fall das bessere Verkehrsmittel. Seit neustem gibt es außerdem ein stetig wachsendes öffentliches Fähren-Netz auf New Yorks Gewässern – eine Fahrt kostet genauso viel wie mit der Subway. Einfach unter *www. ferry.nyc* nachlesen.

TAXI

Taxifahren ist in New York billiger als in Deutschland. Wenn Sie die Adresse so genau wie möglich angeben, spart das nicht nur Zeit, sondern vor allem auch Geld. Viele Straßen ziehen sich kilometerlang durch die Stadt. Wenn Sie die Adresse nicht genau wissen, genügt manchmal die Kreuzung: 14th Street and Second Avenue zum Beispiel. Oder Sie verlassen sich auf die Navigations-App des Fahrers. Apropos Fahrer: 15 Prozent Trinkgeld sind angebracht. Wählen Sie für Ihre Fahrten aber nur gelbe oder grüne Taxen! Die schwarzen Limousinen haben keinen Zähler und nutzen manchmal die Unwissenheit von Touristen aus. Ein Schnäppchen machen können Sie durch geschicktes Ausnutzen von sogenannten Ride-Apps wie Uber, Lyft, Juno, Via & Co., mit denen Sie per App (nach dem Download ist die Eingabe der Kreditkarte notwendig) einen Chauffeur zu ihrem Standpunkt beordern können. Die Preise ähneln denen der Taxis und klettern während der Rushhour in die Höhe – aber die Konkurrenz der Dienste ist so groß, dass häufig Rabatte angeboten werden. Befragen Sie dazu am besten den Fahrer.

ZU FUSS

New York ist perfekt für den eifrigen Fußgänger – die nummerierten Straßen machen es einfach, sich zurechtzufinden. Dazu ist es die billigste Fortbewegungsart! Tausende von Cafés, Kneipen und Snackläden laden zu Pausen ein, an jeder Ecke lässt sich etwas Nettes finden. Gehen Sie zwischendurch auch mal **ans Ufer des Hudson River**: Die Flussluft weht Ihnen um die Nase, und durch die plötzliche Stille wird die Rastlosigkeit des Big Apple umso deutlicher. Die New Yorker selbst laufen gern und viel, um sich fit zu halten.

Insider Tipp

WOHIN ZUERST?

Mit öffentlichen Verkehrsmitteln – **am besten mit einem Bus**, denn da können Sie aus dem Fenster erste Eindrücke sammeln *(Linien 1–5, 16, Q32, 34)* – fahren Sie zum Empire State Building *(S. 14)*. Den grandiosesten Blick über New York und, bei gutem Wetter, auch bis 80 km weit ins Land haben Sie von der Aussichtsplattform des 86. Stockwerks. Von hier oben sehen Sie die rasterförmige Aufteilung der Stadt: breite *avenues* von Nord nach Süd und schmalere *streets* von West nach Ost. Im Norden fällt

Insider Tipp

die grüne Lunge – der Central Park – ins Auge, dahinter befindet sich die Bronx. Im Süden ist viel Wasser zu sehen, ganz in der Ferne erstreckt sich der Atlantik. Die große Insel im Süden ist der Stadtteil Staten Island. Im Westen sehen Sie den Nachbarstaat New Jersey mit seinen großen Kränen, die die Frachter aus aller Welt löschen. Über den East River im Osten führen zahlreiche Brücken nach Queens und Brooklyn, darunter die Williamsburg Bridge, Manhattan Bridge und Brooklyn Bridge.

Die Insel Manhattan ist gar nicht so riesig – das ist einer der Gründe, warum hier oft in die Höhe gebaut wird. Alles im südlichen Manhattan nennt sich *downtown*, während der nördliche Teil *uptown* heißt. Zum Schluss werfen Sie noch einen Blick direkt nach unten. Der Ameisenhaufen dort hat Sie gleich wieder – freuen Sie sich drauf! Wichtig: Mit dem City Pass *(S. 12)* kommen Sie schneller und billiger auf das Empire State Building.

Insider Tipp **FREE TOURS ON FOOT** 🐷
Die Website *freetoursonfoot.org* bietet zu zahlreichen New Yorker Vierteln detaillierte Anleitungen zum Spazierengehen – vorbei an Sehenswürdigkeiten, Parks, originellen Läden und Möglichkeiten zum Verschnaufen und Rasten. Eine geniale Art, die Gegend um ihre Unterkunft kennenzulernen und selbstständig einen ersten Eindruck von der Stadt zu gewinnen.

BIG APPLE GREETER 🐷
Begeisterte New Yorker führen in ihrer Freizeit Touristen kostenlos durch ihre Heimatstadt. Bei Big Apple Greeters stehen über 300 Guides zur Verfügung, um dem Besucher in 20 Sprachen zu helfen. Die Touren sind sehr persönlich und beliebt, sie dauern zwei bis vier Stunden. Sie können vorher angeben, welche Gegend Sie am liebsten erkunden wollen und in welcher Sprache. Melden Sie am besten schon ein paar Wochen vorher Ihr Interesse an. Die Touren sind gratis, ein Trinkgeld ist angemessen. *Tel. 1212-669-8159 | www.bigapplegreeter.org*

KOMMUNIKATION

WLAN & CO.
In New York gibt es vielerorts kostenloses öffentliches WLAN. Vor allem in Manhattan finden Sie an vielen Straßenecken Link-NYC-WLAN-Säulen, an denen Sie auch Telefonate führen oder Ihr Handy aufladen kön-

nen. Cafés, Büchereien und große Ketten bieten meist ebenfalls Wifi *for free*. Fragen Sie einfach danach. Auf *www.nycwireless.net* und *www.open wifinyc.com* können Sie bereits vor Ihrer Ankunft WLAN-Hotspots recherchieren. Denken Sie daran, dass Sie für elektrische Geräte einen Adapter brauchen, da die amerikanischen Steckdosen nur 110 Volt liefern.

Falls Sie Ihre E-Mails checken möchten, aber kein Phone, Tablet oder Laptop dabeihaben, können Sie auch die PCs in den *Public Libraries* benutzen (🐷 *bis zu 30 Minuten gratis*). Die Büchereien sind über die ganze Stadt verteilt zu finden *(www.nypl.org)*.

TELEFON & HANDY

Die meisten deutschen Handys können auch in den USA benutzt werden. Erkundigen Sie sich vor Ihrer Abreise, ob Ihr Mobiltelefon in Amerika funktioniert, und erfragen Sie auch die teils recht hohen Roaming-Kosten. Bei einem längeren Aufenthalt lohnt es sich, eine Prepaid-Sim-Karte zu kaufen. Oder Sie besorgen sich eine *calling card*, die jeder Deli-Laden anbietet.

CLEVER!

> City Pass Sightseeing

Starten Sie mit dem City Pass bequem und geldbeutelschonend Ihre Tour zu spannenden Orten im Big Apple. Für $ 126 (bis 17 J. $ 104) bekommen Sie die Sparkarte, die Ihnen den Zugang zu sechs großen Attraktionen New Yorks gewährt. Dazu zählen definitiv American Museum of Natural History, Guggenheim Museum, Empire State Building, Museum of Modern Art (MoMA), Metropolitan Museum sowie eine zweistündige Bootstour mit der *Circle Line* rund um Manhattan. Einige Attraktionen können Sie gegen andere eintauschen, z.B. Guggenheim Museum gegen Rockefeller Center. Ohne Pass zahlen Sie fast das Doppelte! Ein weiterer Clou: Sie müsssen sich nicht an den oft langen Schlangen vor den Ticketschaltern anstellen. Der Pass gilt neun Tage lang. Sie können ihn bei jedem der sechs teilnehmenden New-York-Highlights erwerben. Weitere Informationen finden Sie auch auf der Website *www.citypass.com/new-york.*

START IN DIE STADT

Mit dieser praktischen Karte können Sie im In- und Ausland von jedem Telefon aus anrufen. Die Vorwahl für die USA lautet +1, also 001, für Deutschland +49, also 0049. In New York folgt auf die +1 meist eine neun- oder zehnstellige Nummer. Auch im Festnetz innerhalb der Stadt müssen Sie immer alle Ziffern wählen.

KONSULATE

DEUTSCHES GENERALKONSULAT

Termin üblicherweise nach Anmeldung via www.germany.info, ohne Anmeldung Mo–Fr 9–11 Uhr | 871 UN Plaza/1st Av. zw. 48th u. 49th St. | Tel. 1212-610-9700, Notfallnummer 1202-610-9700 | Subway: 51 St., E, M 6 | Midtown/Manhattan

ÖSTERREICHISCHES GENERAL-KONSULAT

Mo–Fr 9–12 Uhr | 31 East 69th St. (Madison Av.) | Tel. 1212-737-6400 | Subway: 68 St., 6 | Upper East Side/Manhattan

SCHWEIZER GENERALKONSULAT

Mo–Fr 8.30–12 Uhr | 633 3rd Av. (40th St.) | Tel. 1212-599-5700 | Subway: Grand Central, S, 4, 5, 6 | Midtown/Manhattan

ZUR EINSTIMMUNG

Stimmen Sie sich mit Filmen und Büchern auf die Stadt ein! Etwa mit J. D. Salingers brillantem Roman „Der Fänger im Roggen", der teils im Uptown Manhattan der 1950er-Jahre spielt. Oder Jonathan Lethems New Yorker Mafiageschichte „Motherless Brooklyn". Wie wär's mit dem wunderbaren Roman „Die große Welt" von Colum McCann, der den Tag im New York der 1970er-Jahre beschreibt, als der Akrobat Philip Petit auf einem Seil zwischen den beiden Türmen des World Trade Center balancierte? Oder dem neuesten New-York-Bestseller „Open City" von Teju Cole?

Bei Filmen fällt die Auswahl besonders schwer: Heiter-traurig ist Truman Capotes „Frühstück bei Tiffany" mit Audrey Hepburn, Woody Allens Filme „Annie Hall" und „Manhattan" gehören zu den besten des New Yorker Regisseurs. „Gangs of New York" wiederum ist Martin Scorseses historischer Blick auf die Stadt und „Taxi Driver" sein Meisterwerk. Frech und spannend ist „Do the Right Thing" von Spike Lee, der die Hitzewelle im New York der 1970er-Jahre mitsamt Massenmördergrusel lebendig werden lässt.

TOP 10

> **Hier müssen Sie hin – egal, was es kostet. Aber Sie haben Glück, die meisten dieser „must-see"-Attraktionen von New York City sind sogar umsonst!**

 BROOKLYN BRIDGE   [129 D4]
Der deutschstämmige Ingenieur John A. Roebling hat sie gebaut, 1883 wurde sie als achtes Weltwunder gefeiert: Am eindrucksvollsten ist es, wenn Sie von der Brooklynseite aus über die berühmte Brücke spazieren und sich so den Türmen Manhattans nähern. *Subway: High St., A, C | Brooklyn Heights/ Brooklyn (S. 37)*

 CENTRAL PARK   [141/142, 145/146]
Der riesige Park ist ein Schatzkästlein: Man kann Boot fahren, auf Rollerblades tanzen, picknicken, in den Zoo gehen und Livemusik hören. *www.centralpark. com | Subway: 59 St.–Columbus Circle, A, B, C, D, 1 | Upper West u. Upper East Side/Manhattan (S. 40)*

 EMPIRE STATE BUILDING   [137 E3]
443 m misst das ehemals höchste Gebäude von New York, das 1931 eingeweiht wurde. Auf der Aussichtsplattform im 86. Stockwerk liegt Ihnen die Metropole zu Füßen. Sehr romantisch: der Sonnenuntergang, der das Wasser orange färbt und die Hochhäuser im Goldglanz erstrahlen lässt. *Ab $ 37 | tgl. 8–2 Uhr | 350 5th Av. | www.esbnyc.com | Subway: 34 St.–Herald Sq., B, D, F, N, Q, R | Midtown/Manhattan*

 GRAND CENTRAL   [138 A2]
Die Architekten Warren & Wetmore und Reed & Stern gestalteten den mehrstöckigen Terminal des bekanntesten Bahnhofs von New York im Stil der Beaux-Arts. Seit 1912 werden hier die Züge unterirdisch abgefertigt, oben in der traumhaften Haupthalle können Sie eine Decke mit 2500 Sternen des Winterhimmels bewundern *(S. 18)*

GUGGENHEIM MUSEUM   [146 B5]
Das brillant gestaltete Guggenheim Museum ist jeden Besuch wert – wegen der ausgestellten Kunst, mehr aber noch,

weil das originelle Gebäude von Meister-architekt Frank Lloyd Wright aus dem Jahr 1959 begeistert. Samstags ab 17.45 Uhr ist der Eintritt auf freiwilliger Spendenbasis. *$ 25 | So–Mi, Fr 10–17.45, Sa 10–19.45 Uhr | 1071 5th Av. | www.guggenheim.org | Subway: 86 St., 4, 5, 6 | Upper East Side/Manhattan*

6 HIGH LINE [136 B–C3–5]

Angelegt auf einer ehemaligen Hoch-bahntrasse, lockt dieser Park mit Blicken über den Hudson River und auf die Dachgärten von Chelsea. Viele Ge-bäude rechts und links der ehemaligen Güterzugstrecke wurden bereits restau-riert – dort zu wohnen, ist besonders schick und in! *(S. 40)*

7 MOMA [141 E–F5]

Das Museum of Modern Art ist New Yorks Kunstmekka und zeigt eine der weltweit bedeutendsten Sammlungen moderner und zeitgenössischer Kunst mit über 150 000 Werken. Neben Arbei-ten von Picasso, van Gogh und Cézanne lohnen Skulpturengarten, Museumsladen und Cafés. Immer wieder begeistern fan-tastische Sonderausstellungen! *(S. 25)*

8 9/11 MEMORIAL/ ONE WORLD TRADE CENTER [128 A–B3]

Wo früher die Zwillingstürme standen, können Sie jetzt das beeindruckende 9/11 Memorial besuchen. Wasserfälle und eingravierte Namen erinnern an die vielen Opfer des Terroranschlags. Dahinter reckt sich der neue Skyscraper gen Himmel: One World Trade Center, das höchste Gebäude der westlichen Welt *(S. 17)*

9 STATEN ISLAND FERRY [128 B5]

Ein besonderes Vergnügen ist es, mit dieser  Gratisfähre nach Staten Island und zurück zu fahren. Die Fähre legt alle 30 Minuten, zur Rushhour so-gar alle 15 Minuten ab. Die Skyline von Manhattan wird immer kleiner, und die Statue of Liberty taucht auf – ein abso-lutes Muss-Erlebnis! *(S. 38)*

10 TIMES SQUARE [137 E1–2]

Der verkehrsberuhigte Times Square ist nun zu großen Teilen eine Fußgän-gerzone. Setzen Sie sich auf einen der vielen Stühle und genießen Sie die verrückte Show, die sich Ihnen hier tagtäglich bietet! *(S. 38)*

> Pulsierend, stilvoll, trendy, schräg: Das Kulturangebot in New York ist fantastisch. Und kostet oft keinen Cent

Treffen Sie Elfen und tragische Helden bei „Shakespeare in the Park" im Central Park oder durchstreifen Sie mit einem Guide die unbekannten Ecken der Stadt – ohne einen Cent dafür zu bezahlen. Erfahren Sie, wo Sie Gratistickets für Late-Night-Talker wie Stephen Colbert erhalten oder aktuelle Hollywood-Blockbuster günstiger als anderswo im Kino sehen können. Bestaunen Sie Gemälde weltberühmter Künstler oder entdecken Sie in den vielen Galerien der Stadt die neuen Talente – beides zum Nulltarif. Oder lauschen Sie großartiger Musik mitten im Central Park – auch umsonst. Kultur in New York muss nicht teuer sein.

Ganz im Gegenteil, die Stadt und ihre Bewohner gehen großzügig um mit ihren Schätzen: In Buchhandlungen lesen prominente Autoren wie Paul Auster oder Steve Martin, jede Menge Theaterstücke, Performances und Konzerte schlagen mit wenig oder nichts zu Buche. Und sogar das MoMA, das normalerweise stolze $ 25 Eintritt kostet, verlangt freitagnachmittags keinen Cent. Das weltberühmte Metropolitan Museum musste sich nach Jahrzehnten dem Kostendruck geschlagen geben und bietet zwar keinen freien Eintritt mehr – dafür, wenn Sie erstmal drin sind, tägliche Gratis-Highlight-Führungen, sogar auf Deutsch!

KULTUR & EVENTS

ARCHITEKTUR & (ZEIT-)GESCHICHTE

9/11 MEMORIAL & ONE WORLD TRADE CENTER [128 B3]

Wo früher die Türme des World Trade Center standen, wird heute der Opfer des Terroranschlags vom 11. September 2001 gedacht. Die Gedenkstätte *(tgl. 7.30–21 Uhr | www.911memorial.org)* besteht aus zwei tief in die Erde eingelassenen Becken, in die von allen Seiten Wasser fällt. 🐷 Das angrenzende Museum kann Dienstags zwischen 17 und 18 Uhr gegen eine freiwillige Spende besichtigt werden. Gleich nördlich davon steht der neue Skyscraper One World Trade Center. Er ist mit seinen 546 m das höchste Gebäude der westlichen Welt. Ein Besuch auf der Plattform im 100. Stockwerk kostet allerdings stattliche $ 34. *285 Fulton St., Eingang auf der West St. | www.onewtc.com | Subway: Fulton St., A, C, J, 2, 3, 4, 5 | Financial District/ Manhattan*

AIA CENTER FOR ARCHITECTURE 🐷 [132 A3]

Intelligente Architektur als Programm: Schon das Gebäude, in dem sich das American Institute for Architecture befindet, ist besonders. Eingegraben in die Erde, hat es ein ökologisch durchdachtes, geothermales Heiz- und Kühlsystem. Die gut ausgestattete Bibliothek steht allen Besuchern offen, die Ausstellungen sind spannend und Vernissagen oft von einer Party begleitet. *Eintritt frei | Mo–Fr 9–20, Sa 11–17 Uhr | 536*

LaGuardia Place | Tel. 1212-683-0023 | www.aiany.org | Subway: Bleecker St., 6 | Greenwich Village/ Manhattan

GRAND CENTRAL  [138 A2]

Finden Sie am Rand der Decke voller Sternbilder in der Haupthalle die dunkle Stelle? So schwarz von Ruß und Rauch war einmal die komplette Oberfläche. Dank einer ausgiebigen Renovierung erstrahlt das Meisterwerk von 1912 heute wieder in voller Pracht. Überhaupt ist Grand Central wohl einer der wenigen Hauptbahnhöfe der Welt, an dem man sich gerne aufhält: nette Geschäfte, gutes Essen und manchmal sogar Yoga. Vergessen Sie nicht, im Raum vor der Oyster Bar im Untergeschoss in eine der vier Ecken hineinzusprechen – und Ihre Begleitung in der Ecke schräg gegenüber zu positionieren. *42nd St. zw. Lexington u. Park Av. | Subway: Grand Central-42 St., 4, 5, 6, 7, S | Midtown/Manhattan*

NEW YORK HISTORICAL SOCIETY [141 F1]

Wirklich alt ist das 1624 gegründete New York im Vergleich zu vielen europäischen Städten nicht, aber es hat sich doch schon so einiges angesammelt in der Geschichte der Metropole. Einen Überblick bietet die von außen schöne und von innen spannende Historical Society – und das freitags zwischen 18 und 20 Uhr auf freiwilliger Spendenbasis. Dazu immer wieder interessante Wechselausstellungen und einen Souvenirshop mit ausgefallenen Mitbringseln. *Di–Do und Sa 10–18, Fr 10–20, So 11–17 Uhr | 170 Central Park West | Tel. 1212-873-3400 | www.nyhistory.org | Subway 81st St., CB | Upper West Side*

STRAWBERRY FIELDS/ DAKOTA  [141 E1]

An der Westseite des Central Parks auf Höhe der 72nd Street, genau gegenüber der Wohnung von John Lennon im legendären Dakota-Gebäude, befindet sich eine Gedenkstätte für den ermordeten Beatle. Lennons Witwe Yoko Ono ließ dort einen kleinen Garten anlegen, die Strawberry Fields. Ein Ort zum Ausruhen, für den man keinen Eintritt zahlen muss. Den Mittelpunkt bildet ein Mosaik mit dem Wort „Imagine", das auf einen der berühmtesten Songs von John Lennon verweist. 1980 wurde der Musiker vor dem Dakota-Gebäude erschossen, Yoko Ono lebt heute noch dort. *Subway: 72 St., B, C | Upper West Side/ Manhattan*

SYLVAN TERRACE & MORRIS-JUMEL-MANSION [153 D1]

Versteckt in Washington Heights zwischen großen, von Einwanderern aus der Dominikanischen Republik geprägten Avenues finden

Wie einem alten, amerikanischen Bilderbuch entsprungen: Holzhaus der Sylvan Terrace

Sie zauberhafte alte Holzhäuser an einer Kopfsteinpflasterstraße mit dem Namen Sylvan Terrace. Leicht bergauf geht es zu einem Hügel mit einer alten Villa, die schon George Washington 1776 bewohnte. Das Haus kann man für $ 10 besichtigen, und vom kostenlos besuchbaren Garten aus eröffnet sich dem Besucher ein wunderbarer Blick über Washington Heights und in die Bronx. *Di–Fr 10–16, Sa/So 10–17 Uhr | Häuserreihe zw. 160th u. 162nd St. östlich der Nicholas Av.; Villa: 65 Jumel Terrace | Tel. 1212-923-8008 | www.morrisjumel.org |*

CLEVER!

> Großes Kino – umsonst und draußen

Wenn „Vom Winde verweht" oder „Taxi Driver" im Bryant Park auf einer Riesenleinwand gezeigt werden, muss man schon ein bis zwei Stunden vorher seine kleine Ecke auf dem Rasen hinter der Public Library sichern. Mit etwas Glück haben Sie nette Nachbarn, die Ihnen noch einige brauchbare Tipps für Ihren New-York-Aufenthalt geben können. Im oft heißen Sommer New Yorks gibt es viele Möglichkeiten, Filme umsonst und draußen zu sehen. Leinwände fürs Freilufterlebnis werden unter anderem im Bryant Park, Central Park, in DUMBO unter der Brooklyn Bridge und im McCarren Park in Williamsburg aufgestellt. An jedem Tag der Woche läuft ein anderes Kino-Highlight. Auf den Dächern der Stadt werden außerdem Independent-Filme gezeigt (*Rooftop Films*). Für diese muss man zwar Eintritt bezahlen (*Tickets $ 9*), aber dafür gibt es dazu meist vorher Livemusik und anschließend eine Party auf dem Dach. Insgesamt ist der Outdoor-Kinomarkt recht kleinteilig, Anbieter kommen und gehen – es lohnt sich deshalb vor der Reise ein Blick ins Netz, z. B. „outdoor movies nyc" googeln.
Bryant Park: Juni–Ende Aug. Mo | www.bryantpark.org **[137 F2]***; DUMBO: Juli, Aug. Do | www.brooklynbridgepark.org* **[129 E5]***; River Flicks im Hudson River Park: Juli, Aug. Mi für Erwachsene, Fr für Kinder | www.riverflicksnyc.com* **[136 B4]***; McCarren Park: Juli, Aug. Di | www.summerscreen.org* **[153 D3]***; Rooftop Films: Mai–Sept. am Wochenende | www.rooftopfilms.com.*

Subway: 163 St.-Amsterdam Av., A, C | Washington Heights/Manhattan

WASHINGTON MEWS [133 D3]

Wer in New York nach Events mit deutschem Bezug sucht, landet schnell im Deutschen Haus der New York University (NYU), dessen Standort, die Washington Mews, aussehen, als wäre man in einer Zeitmaschine im New York des 18. Jhs. gelandet. Die historischen Gebäude der verkehrsberuhigten Kopfsteinpflastergasse gehören allesamt auch zur NYU. 🐷 Der schöne Garten des Deutschen Hauses dient im Sommer häufig als Ort für – meist kostenlose – Veranstaltungen. *42 Washington Mews | Tel. 1212-998-8660 | deutscheshaus.as.nyu.edu | Subway: 8 St., N, R | West Village/Manhattan*

FILM & FOTOS

ALICE AUSTEN HOUSE 🐷 [152 B5]

Austen war eine bemerkenswerte Fotografin im New York des 19. Jhs. Ihr Haus und Garten wurden in ein charmantes Museum umgewandelt. Von Garten und Terrasse bietet sich ein Traumblick hinüber zur Verrazano-Brücke und nach Manhattan. Der Eintritt ist frei, eine kleine Spende jedoch willkommen. Im Sommer gibt es ab und an 🐷 kostenlose Yogastunden im Garten. *März–Okt. Di–So 11–17, Nov./Dez. Di–So 11–16 Uhr | 2 Hylan Blvd. | Tel. 1718-816-4506 | www.aliceausten.org | Staten Island Ferry, dann Bus S 51 bis Hylan Blvd. | Staten Island*

COBBLE HILL THEATRE [152 C4]

Dieses Kino in Brooklyns Stadtteil Cobble Hill ist am Dienstag und Donnerstag den ganzen Tag und Abend billiger als alle anderen Filmtheater: Für nur $ 9 *(regulär $ 12)* können Sie sich einen Kinofilm ansehen. Von Manhattan aus nur ein Katzensprung. *Cobble Hill Theatre | 265 Court St. | Tel. 1718-596-9113 | www.cobblehilltheatre.com | Subway: Bergen St., F, G | Cobble Hill/ Brooklyn*

ICP [133 D5]

Wer sich für Fotografie interessiert, sollte das International Center of Photography (ICP) aufsuchen. Hier sind große Fotoausstellungen zu historischen und zeitgenössischen Arbeiten zu sehen. Donnerstags zwischen 18 und 21 Uhr ist der Eintritt auf freiwilliger Spendenbasis. *$ 14 | Di–So 10–18, Do 10–21 Uhr | 250*

Bowery | Tel. 1212-857-0000 | www. icp.org | Subway: Bowery, J, Z | East Village/Manhattan

KONZERTE & MUSIK

BARGEMUSIC [129 D5]

Hier lauscht man klassischer Musik auf einem kleinen Schiff, das angedockt in Brooklyn liegt – mit Blick auf die Ostseite von Manhattan. 🐷 Zweimal im Monat gibt es am Samstagnachmittag Gratiskonzerte für die ganze Familie. Kinder sind ausdrücklich erlaubt! *One Water Street | Tel. 1718-624-4924 | www. bargemusic.org | Subway: Clark St., 2, 3 | Brooklyn Heights/Brooklyn*

JUILLIARD SCHOOL [141 D2]

Eine der weltbesten Adressen fürs Musikstudium: Die Crème de la Crème der Jazzer und klassischen Musiker – die Talente von heute und Stars von morgen – werden hier ausgebildet. 🐷 Die Konzerte der Studenten, die nachmittags und abends Kostproben ihres Könnens geben, sind fast alle gratis. Aktuelle Termine und Angebote auf der Website. *60 Lincoln Center Plaza | Tel. 1212-799-5000 | www. juilliard.edu | Subway: 66 St., 1 | Upper West Side/Manhattan*

LOUIS ARMSTRONG HOUSE [153 E2] Inside Tipp

Machen Sie eine kleine Reise nach Queens zum Domizil des legendären Jazzmusikers. Armstrong zog 1943 mit seiner Frau in das bescheidene Haus und lebte dort bis zu seinem Tod im Jahr 1971. Das Gebäude wie auch der japanische Garten sind im Originalzustand erhalten. Der für New Yorker Verhältnisse günstige Eintritt beträgt nur $ 10. *Di–Fr 10–17, Sa/So 12–17 Uhr | 34–56 107th St. | Tel. 1718-478-8274 | www.louisarmstrong house.org | Subway: 103 St.-Corona Pl., 7 | Corona/Queens*

PARLOR ENTERTAINMENT [153 D1] Inside Tipp

Sonntags lädt Marjorie Eliot ab 16 Uhr Jazzfans in ihr Wohnzimmer ein. Mit Saxofon, Piano, Trompete und Gesang verzaubern ihre Musiker die Besucher. Die Gastgeberin ist entzückend und verteilt oft Kleinigkeiten zu Essen. Der Eintritt ist frei, eine Spende von $ 10 üblich. *555 Edgecombe Av., Apt. 3F | Tel. 1212-781-6595 | Subway: 163 St., C | Harlem/Manhattan*

SUMMERSTAGE KONZERTE [141 F2]

Den ganzen Sommer über finden Konzerte im Central Park und in vielen anderen New Yorker Parks statt – 🐷 zumeist gratis und alle unter freiem Himmel. Klassik, Oper, Rock, Pop, Jazz, Hip-Hop, Gospel und Weltmusik sind im Angebot. Es kann daher voll werden, kommen Sie also früh und nutzen Sie die Gelegenheit für ein Picknick. Die Stimmung ist mal hippiemäßig high und gelöst, mal eher getragen-euphorisch – je nach Publikum. In jedem Fall ist es ein bleibendes Erlebnis! *www.summerstage.org | alle Stadtbezirke*

KUNST & MUSEEN
BRONX MUSEUM OF ARTS 🐷 [153 D1]

Das Kunstmuseum der Bronx ist ein kleines Juwel am Grand Concourse, der einstigen Prachtstraße des Viertels. In den spannenden Wechselausstellungen geht es oft um Herkunft, Identität und die Schwierigkeiten des Alltags – Themen, die die von Einwanderern geprägte Bronx bestimmen. Und das Beste: Der Eintritt ist immer umsonst. *Mi 13–18, Do–So 11–18, Fr bis 20 Uhr | 1040 Grand Concourse | Tel. 1718-681-6000 | www. bronxmuseum.org | Subway: 167 St., D, B | Bronx*

GALERIEN IN CHELSEA 🐷 [136 C3]

Früher war SoHo der Hotspot für Galerien und Künstler, seit ein paar Jahren hat sich das Kunstgeschehen aber mehr nach Chelsea verlagert. Hier locken nun in den angesagten Locations Installationen, Malerei, Videokunst und Skulpturen. Donnerstagabends eröffnen oft in mehreren Galerien Ausstellungen und ziehen einen bunten Menschenstrom aus allen Teilen der Stadt in dieses Viertel. Nicht selten wird auch Bier oder Wein gratis angeboten. *Eintritt frei | 20er-Straßen im Westen zw. 9th u. 11th Av. | Subway: 23 St., C, E | Chelsea/Manhattan*

THE INVISIBLE DOG
ART CENTER [152 C4]

Insider Tipp

Kunstausstellungen, Partys, Konzerte, Modenschauen, Tanztheater, Installationen – diese Galerie hat einiges an Kreativität und Fantasie zu bieten. 🐷 Und das meiste ist umsonst. Der französische Galerist Lucien Zayan hat bei einem New-York-Besuch das Fabrikgebäude entdeckt und beschloss umzusiedeln. *Do–Sa 13–19, So 13–17 Uhr | 51 Bergen St. | Tel. 1347-560-3641 | www.theinvisible dog.org | Subway: Bergen St., F, G | Boerum Hill/Brooklyn*

JEWISH MUSEUM   [146 B4]

Mehr als 100 Jahre ist das Jüdische Museum alt. Die beeindruckende Sammlung von Kunst und religiösen Exponaten aus einem Zeitraum der letzten 4000 Jahre sowie spannende wechselnde Ausstellungen können Sie sich 🐷 samstags den ganzen Tag umsonst ansehen. Donnerstags ab 17 Uhr wird man lediglich zu einer freiwilligen Spende aufgefordert. Auch das hübsche Gebäude an der Upper East Side – eine elegante Villa im gotischen Stil – ist ein Hingucker. *Regulärer Eintritt: $ 18 | Sa–Di 11–17.45, Do 11–20, Fr 11–16 Uhr | 1109 5th Av. | Tel. 1212-423-3200 | www.thejewishmuseum.org | Subway: 86 St., 4, 5, 6 | Upper East Side/ Manhattan*

MET MUSEUM OF ART   [142 B1]

Nachdem das Met jahrzehntelang seine Besucher darüber entscheiden ließ, wieviel sie für den Eintritt zahlen wollen, gilt seit kurzem ein fester Ticketpreis von $ 25 für alle Nicht-New-Yorker. Die gute Nachricht: Die Karte gilt dann für drei Tage und für alle drei Standorte des Museums. Und: 🐷 Die tägliche Highlights-Führung (auch auf Deutsch), die Met-Anfängern einen großartigen ersten Einblick in das nach wie vor wohl wichtigste Museum der Stadt bietet, ist umsonst. *So–Do 10–17.30, Fr/Sa 10–21 Uhr | 1000 5th Av. | Tel. 1212-535-7710 | www.metmuseum.org | Subway: 86 St., 4, 5, 6 | Upper East Side/Manhattan*

Hier kann man sich kunstvoll verlaufen: Das Met ist eines der größten Museen der Welt

MOMA [141 E–F5]

Berühmt, viel besucht und teuer – das Museum of Modern Art kostet saftige $ 25 Eintritt. 🐷 Nur freitagnachmittags ab 16 Uhr ist der Eintritt frei. Es kann voll werden, kommen Sie daher rechtzeitig. Und im Skulpturengarten können Sie ein Päuschen einlegen, nachdem die Picassos, Van Goghs und Gurskys Sie beeindruckt haben. *Tgl. 10.30–17.30, Fr bis 20 Uhr | 11 West 53rd St. | Tel. 1212-708-9400 | www. moma.org | Subway: 5 Av.-53 St., E, M | Midtown/Manhattan*

MUSEUM OF THE AMERICAN INDIAN 🐷 [128 A–B4]

Das Museum ist in einem imposanten Bau an der Südspitze Manhattans beheimatet. Es zeigt ständig wechselnde Ausstellungen über die Ureinwohner Nord- und Südamerikas. Mithilfe wilder Masken, filigranen Schmucks, derben Pferdegeschirrs und Filmen fühlt man sich in einen alten Western versetzt. Tanz- und Musikveranstaltungen der amerikanischen Ureinwohner sind ebenfalls umsonst. *Eintritt frei | tgl. 10–17, Do bis 20 Uhr | 1 Bowling Green | Tel. 1212-514-3700 | www.nmai.si.edu | Subway: Bowling Green, 4, 5 | Financial District/Manhattan*

MUSEUM OF ARTS & DESIGN [141 E3]

Dieses Museum am Columbus Circle widmet sich Kunsthandwerk und Design. Donnerstags von 18 bis 21 Uhr können Sie selbst entscheiden, was Sie für den Eintritt bezahlen wollen! Der Museumsshop bietet eine große Auswahl von (nicht immer günstigen) Artikeln an. Vom Café aus hat man einen tollen Blick über den Central Park. Trinken Sie hier unbedingt einen Kaffee und beobachten Sie Jogger, Hundehalter und *nannys*, die mit ihren Kinderwagen die Parkwege bevölkern. *Bis einschl. 18 Jahre freier Eintritt, sonst $ 16 | Di–So 10–18, Do 10–21 Uhr | 2 Columbus Circle | Tel. 1212-299-7777 | www.madmuseum.org | Subway: 59 St.-Columbus Circle, A, B, C, D, 1 | Midtown/Manhattan*

MUSEUM AT THE FIT 🐷 [137 D3–4] *Insider Tipp*

Top Fashion – ganz umsonst! Stylische Ökokleidung, historische Roben oder Vivienne Westwoods verrückte Kreationen: Wechselnde Ausstellungen zeigen Aspekte der Mode im Museum of the Fashion Institute of Technology. Nebenan, in der Fachhochschule für Mode, studieren die Designer der Zukunft. 🐷 Vielleicht interessiert Sie ja auch einer der Gratisvorträge? *Eintritt frei | Di–Fr 12–20, Sa 10–17 Uhr | 7th Av. u. 27th St. | Tel. 1212-217-4558 | www.fitnyc.edu/museum | Subway: 28 St., 1 | Chelsea/Manhattan*

MUSEUM MILE FESTIVAL 🐷 [142 u. 146]

Besuchen Sie neun (!) Museen an der Fifth Avenue, ohne den Geldbeutel zu zücken. Jedes Jahr am zweiten Dienstag im Juni öffnen berühmte Häuser wie das Metropolitan und Guggenheim ihre Tore, ohne die grü-

nen Dollarscheine zu verlangen. Von der 82nd bis zur 104th Street wird die Avenue für Autos gesperrt. Museumsbesucher und Spaziergänger – ob mit Kinderwagen oder Rollerblades – genießen außerdem Livemusik, die Auftritte von Kleinkünstlern und Essensstände entlang der Straße. Feiern Sie mit! *18–21 Uhr | Tel. 1212-606-2296 | www.museummilefestival.org | Subway: 86 St., 4, 5, 6 | Upper East Side/Manhattan*

NEW MUSEUM [133 D5]

In diesem modernen Museumsbau, der einer Anzahl aufgestapelter Schuhkartons ähnelt, wird Avantgardekunst gezeigt. Zeitgenössische Kunstentwicklungen können Sie hier im weiß leuchtenden Gebäude auf sieben Stockwerke verteilt anschauen. Ausstellungen bekannter Künstler wie Jeff Koons sorgen immer wieder für Furore. Ganz oben befindet sich auch ein Café mit schönem Blick über das südöstliche Manhattan. 🐷 Donnerstagabends von 19 bis 21 Uhr ist der Eintritt kostenlos. *Bis einschl. 18 Jahren freier Eintritt, sonst $ 18 | Di–So 11–18, Do bis 21 Uhr | 235 Bowery | www.newmuseum.org | Subway: 2 Av., F | Lower East Side/Manhattan*

PUBLIC ART 🐷

New York hat nicht nur opulente Museen und zahlreiche Galerien, unzählige Kunstwerke stehen auch in den Parks oder direkt an der Straße – und sogar im Untergrund. Auf der Website *www.publicart fund.org* sind fast 500 öffentlicher Kunstwerke und aktuelle Ausstellungen im öffentlichen Raum gelistet. Bei Stadtspaziergängen und Ausflügen können Sie etwa im Madison Square Park, auf Governors Island, an der High Line oder im City Hall Park in Manhattan Kunstwerke umsonst und draußen finden. Eine Übersicht zu Kunst in U-Bahn-Stationen finden Sie auf der Website der Transportbehörde MTA: *http:// web.mta.info/mta/aft/.*

QUEENS MUSEUM [153 E2]

Die ständige Ausstellung des Queens Museums zeigt eine riesige Nachbildung der Stadt New York aus der Vogelperspektive: 2 cm entsprechen rund 90 m. Das Panorama wurde 1964 gebaut und seitdem regelmäßig aktualisiert. Das Ergebnis ist imponierend! Sie können um das Model herumgehen und über eine Brücke schreiten. Für den Besuch wird um eine Spende gebeten – es ist kein Problem, nur einen Dollar zu bezahlen. Die Fahrt mit der U-Bahn zum Museum führt durch Queens und ist allein schon eine Reise wert. *Mi–So 11–17 Uhr | New York City Building | Flushing Meadows Corona Park | Tel. 1718-592-9700 | www.queens museum.org | Subway: Flushing, 7, dann 10 Min. durch den Park bis zum Museum | Queens*

RUBIN MUSEUM [132 A1]

🐷 Reisen Sie am Freitagabend (18 bis 22 Uhr) zum Nulltarif in den Himalaja: Das Museum widmet sich mit Fotos, Gemälden, Skulpturen und Filmen dem Buddhismus, den mittelalterlichen Kulturen und heutigen Gesellschaften von Tibet, Nepal und des asiatischen Gebirgsraums. Das Angebot ist beliebt bei New Yorkern, daher ist der Andrang groß und die Stimmung ausgelassen. Das Gebäude selbst ist mit seinen geschwungenen Treppen eine echte Augenweide. 🐷 Die Audioguides sind kostenlos. *Eintritt $ 15 | Mo/ Do 11–17, Mi bis 21, Fr bis 22 Uhr, Sa/So bis18 Uhr | 150 West 17th St. | Tel. 1212-620-5000 | www.rubinmu seum.org | Subway: 18 St., 1 | Chelsea/ Manhattan*

SCHOMBURG CENTER 🐷 [151 D1]

Im Herzen Harlems liegt das Schomburg Center, das bekannt ist für seine Forschungen zu Kultur und Geschichte der schwarzen Bevölkerung Amerikas. Regelmäßig finden hier Gratisausstellungen und -veranstaltungen statt, etwa zu spannenden Persönlichkeiten wie Barack Obama, zu Musik oder Literatur. *Mo–Sa 10–18, Di/Mi bis 20 Uhr | 515 Malcolm X Blvd. | Tel. 1917-275- 6975 | www.schomburgcenter.org | Subway: 135 St., 2, 3 | Harlem/Manhattan*

WHITNEY MUSEUM [132 B1]

Die amerikanische Kunst des 20. und 21. Jhs. ist der Schwerpunkt des Museums im Meatpacking District. Zur Sammlung gehören Werke von Andy Warhol, Edward Hopper und Jasper Johns. Alle zwei Jahre im Mai wird die berühmte „Whitney Biennale of American Art" ausgerichtet – eine hoch beachtete Schau zum Stand des aktuellen Kunstschaffens. Freitags von 19 bis 21.30 Uhr gilt *„pay what you wish"* in dem Gebäude von Stararchitekt Renzo Piano, oft mit Livemusik. *Mi–Mo 10.30–18, Fr/Sa bis 22 Uhr | 99 Gansevoort St. | Tel. 1212-570-3600 | www.whitney.org | Subway: 14 St., A, C, E | Meatpacking District/Manhattan*

LESUNGEN & BÜCHER
BARNES & NOBLE

Prominente Schriftsteller, Musiker und Politiker lesen aus ihren Neuerscheinungen in den Filialen der Buchhandlungskette Barnes & Noble. Ob der Teeniesänger Justin Bieber, der Politiker und Ex-US-Präsident Bill Clinton oder die Poetin und Songwriterin Patti Smith – der Andrang zu den kostenlosen Literaturereignissen ist groß. *B&N Union Square: 33 East 17th St. | Subway: 14 St.–Union Sq., L, N, Q, R, 4, 5, 6 | Gramercy/Manhattan* [133 E1]

GOETHE-INSTITUT [133 E2]

In dem geräumigen Laden nahe dem Union Square finden Sie die Bibliothek des Goethe-Instituts. Hier können Sie deutsche Zeitungen lesen oder

CLEVER!

> *Broadwayknaller zum halben Preis*

Der Broadway boomt: Seit Jahren steigen die Zahl der Zuschauer (auf inzwischen mehr als 13 Millionen pro Jahr), die Zahl der Neuproduktionen (mehr als 40) und der Umsatz (rund 1,5 Milliarden Dollar). Ob Klassiker wie „Phantom der Oper" und „König der Löwen" oder neue Lieblingsstücke wie „The Book of Mormon", „Dear Evan Hansen" oder „Hamilton", ob ernstes Theaterstück oder rasantes Musical, ob berühmter Hollywoodstar oder Theaterschauspieler kurz vor dem Durchbruch – der Broadway kann alles. Die Tickets hat der Boom leider nicht günstiger werden lassen. Bis zu 50 Prozent sparen können Sie am Tag der Aufführung aber an den vier Verkaufsstellen von TKTS. Am Times Square bilden sich oft lange Schlangen, an den anderen drei geht es schneller.
Manhattan: TKTS Times Square | 47th St. u. Broadway | Mo–So 15–20, Di ab 14, So bis 19 Uhr | Subway: 42 St.–Times Square, N, R, S, 1–3, 7 [141 D5]; *TKTS South St. Seaport | Front u. John St. | Mo–Sa 11–18 Uhr | Subway: Fulton St., 2, 3* [128 C4]; *Brooklyn: TKTS Downtown Brooklyn | One Metro Tech Center, Jay St. u. Myrtle Av. | Di–Sa 11–18 Uhr | Subway: Jay St.–Metro Tech, A, C, F* [152 C3] | *www.tdf.org*

in Büchern blättern. Regelmäßig bietet das Institut Gratisveranstaltungen zu Kunst und Kultur an. *Mo–Fr 9–17 Uhr | 30 Irving Place | Tel. 1212-439-8700 | www.goethe.de/ins/us/ney | Subway: 14 St.-Union Sq, L, N, R, Q, 4, 5, 6 | Flatiron District/Manhattan*

HOUSING WORKS BOOKSTORE  [133 D4]

Insider Tipp

Ein charmanter Buchladen mit Café an einer Kopfsteinpflasterstraße in SoHo lädt zu Lesungen von New Yorker Autoren ein. Die Organisation Housing Works unterstützt mit dem Verkauf von Secondhand-Büchern obdachlose Aids-Kranke. Umsonst können Sie den Schriftstellern lauschen oder, wenn keine Lesung stattfindet, einen günstigen Tee trinken und ein preiswertes Buch *(schon ab $ 1)* kaufen. Das Café wird von freiwilligen Helfern betrieben. *126 Crosby St. | Tel. 1212-334-3324 | www.housingworks.org | Subway: Broadway-Lafayette St., B, D, F, M | SoHo/Manhattan*

NEW YORK PUBLIC LIBRARY [133 F4]

Die Stadtbibliothek ist bei den New Yorkern so beliebt, dass viele sogar die Namen der steinernen Löwen davor kennen: Patience (Geduld) und Forti-tude (Tapferkeit). Hinter der Fassade – und in den anderen Filialen – schauen immer wieder die Großen des Literaturbetriebs zu kostenlosen Lesungen vorbei. *476 5th Av. | Mo–Sa 10–18, Di/Mi bis 20, So 13–17 Uhr | Tel. 1917-275-6975 | www.nypl.org | Subway: 5 Av. – Bryant Park 7, B, D, F, M | Midtown/Manhattan*

THEATER & PERFORMANCE

LATE NIGHT TALK SHOWS

Theoretisch sind die Tickets für die vielen beliebten Late Night Shows, die in der Stadt aufgezeichnet werden, umsonst. Praktisch sind sie aber extrem beliebt und daher nicht leicht zu ergattern. Für „Saturday Night Live" zum Beispiel muss man im August eine E-Mail mit seinen Kontaktinformationen an *snltickets@nbcuni.com* schicken und dann auf Losglück hoffen. Für „The Tonight Show with Jimmy Fallon" kann man sich entweder online um Tickets bemühen *(www.showclix.com/event/thetonightshowstarringjimmyfallon)* oder morgens um neun am Eingang des Rockefeller Center in der 49th Street auf Standby-Tickets hoffen. Karten für „The Daily Show with Trevor Noah" kann man online reservieren *(www.*

showclix.com/event/TheDailyShow withTrevorNoah), sie sind aber auch immer sehr schnell weg. Mehr Glück hat man aber häufig bei einer Show aus der zweiten Reihe wie „Late Night with Seth Meyers", wo es online (https://1iota.com/Show/461/Late-Night-with-Seth-Meyers#Tickets) oft noch Karten gibt.

LÖWENTÄNZE ZUM CHINESISCHEN NEUJAHR IN CHINATOWN [129 D2]

Zwei Wochen lang feiern die New Yorker in Chinatown das Chinesische Neujahr. Paraden mit Drachen- und Löwentänzern in aufwendigen Kostümen ziehen dann durchs Viertel. Da die Straßen eng sind und viele Läden ihre Lebensmittel auf dem Bürgersteig auslegen, wird alles zu einem

CLEVER!

› Broadway Box App

Diese App bietet Billigtickets für den Broadway und zahlreiche andere Attraktionen der Stadt. Unterhaltsame und günstige Veranstaltungen lassen sich auch gut mit den Newslettern *https:// theskint.com/* und *www.nonsensenyc. com/* finden.

farbenfrohen Gewühl aus Bewohnern, Touristen und anderen Feierfreudigen. Das Neujahrsfest fällt jedes Jahr auf ein anderes Datum zwischen dem 21. Januar und dem 21. Februar. *Infos: Tel. 1212-484-1222 | www.nycgo. com | Subway: Canal St., N, R, Q, 4, 5 | Chinatown/Manhattan*

THE PEOPLE'S IMPROV THEATER [133 E1]

Inside Tipp

Lust auf gute Laune? Dann sind Sie im People's Improv Theater richtig! Jeden Mittwochabend gibt es an den zwei Standorten in Kips Bay vier Comedyshows völlig kostenlos. Meist geht das Improvisieren um 18 Uhr los, bis 22 Uhr kommen weitere wortgewandte Talente auf die Bühne. *123 E 24th St. und 154 W 29th St. | Tel. 1212-563-7488 | www. thepit-nyc.com | Subway: 28 St., 1 | Kips Bay/Manhattan*

SHAKESPEARE IN THE PARK [145 E5]

Tragische Heldinnen, Liebesverwirrungen oder freche Elfen: Im Central Park können Sie von Juni bis August gratis Shakespeare-Aufführungen im Delacorte Theater sehen. Oft sind Stars aus Hollywood dabei

– Al Pacino war zum Beispiel einer der Publikumsmagneten. Für die Open-Air-Tickets muss man sich rechtzeitig anstellen, denn die Vorführungen unterm Sternenhimmel sind bei New Yorkern und Gästen sehr beliebt. *Eintritt frei | Tickets im Public Theater, East Village/Manhattan und am Tag der Aufführung am Theater im Park | Tel. 1212-539-8500 | www.publictheater.org | Aufführungen: Central Park Eingang 81st St. | Subway: 81 St., B, C | Upper West Side/Manhattan*

THEATER UMSONST 🐷

Insider Tipp

Theatertickets sind teuer in New York. Wenn Sie trotzdem nicht auf Ihr Broadway-Erlebnis verzichten wollen, lassen Sie sich als Platzanweiser *(usher)* engagieren – so sehen Sie das Stück, ohne dafür zu bezahlen. Der Ansturm auf das Angebot ist groß, deswegen fragen Sie am besten weit im Voraus und für viele Stücke an. Eine aktuelle Übersicht der Stücke, die Platzanweiser suchen, und entsprechende Kontakdaten finden Sie im Branchenportal Playbill: *www.playbill.com/article/how-to-see-broadway-off-broadway-and-more-nyc-theatre-for-free*

UPRIGHT CITIZENS BRIGADE THEATER [136 C4]

Komiker und Theaterschauspieler zeigen hier, was sie können: Stand-up-Comedy und Improvisation vom Feinsten. Auf der Bühne standen schon Kino- und TV-Größen wie Will Ferrell und Tina Fey. 🐷 Die Shows sind manchmal gratis und selten teurer als $ 10. *Mo–So meist ab 19.30 Uhr | Hells Kitchen Location: 555 W 42nd St. | Subway: 42 St., Port Authority Bus Terminal A, C, E, F | East Village Location: 53 East 3rd St. | Subway Delancey St Essex St. J, M, Z, F | Tel. 1212-366-9176 | www.ucbtheater.com*

WASHINGTON DACHSHUND FESTIVAL 🐷 [132/133 C/D3]

Insider Tipp

Jedes Jahr am ersten Samstag im Oktober und am letzten Samstag im April feiern stolze Dackelbesitzer im Washington Square Park ihre kurzbeinigen Hunde. Unter dem Triumphbogen stimmen sie dann alle gemeinsam den „Dachs Song" an. Viele der Hunde sind fantasievoll kostümiert – ein köstliches, skurriles Gratisvergnügen! *www.washingtonsquareparkconservancy.org | Subway: West 4 St., A, B, C, D, E, F, M | West Village/Manhattan*

> New York ist ein großartiger Abenteuerspielplatz! Und erstaunlich vieles ist preiswert und sogar gratis

Wollen Sie an einer Meerjungfrauenparade in Coney Island teilnehmen? Ihre Stimmbänder mit einem Gospelchor in einer Baptistenkirche messen? Oder spätabends in Chinatown beim Nachtgericht dem Angeklagten zuhören, wie er dem Richter seinen gerade erlebten Krimi erzählt? Alle diese Stadtabenteuer gibt es in New York gratis. Es kann aber auch ruhiger zugehen in der Weltstadt: beim Yoga im Brooklyn Bridge Park, unterwegs mit den *bird watchers* im Central Park oder bei der Einführung in die Meditation im buddhistischen Shambhala Center mitten in Chelsea. Picknicken Sie im Park mit Blick auf die Skyline oder planschen Sie in den Atlantikwellen und bräunen sich am Strand – die Stadt spendiert sogar die Sonnencreme. Besonders im Sommerhalbjahr ist die Zahl der günstigen oder kostenlosen Angebote besonders groß, aber auch zu anderen Jahreszeiten findet sich immer ein cooles Erlebnis für wenig Geld. Lassen Sie sich auf die kleinen und großen Abenteuer ein, mit denen New York Sie begeistern und überraschen will. Bewegen Sie sich auf den für diesen Reiseführer ausgekundschafteten, günstigen Pfaden via Fähre, im Kanu oder zu Fuß. Und erleben Sie eine der teuersten Städte der Welt so, wie sie kaum ein Tourist kennt.

MEHR ERLEBEN

ACTION & INTERESSANTES ■

AQUEDUCT PFERDERENNEN 🐷 [153 E4]

Der Eintritt für die Zuschauertribüne zum Pferderennen ist gratis. Schauen Sie beim berühmten Triple Crown Rennen zu, und versuchen Sie, auf den Gewinner zu wetten. Die ausgelassene Atmosphäre ist ansteckend. *110-00 Rockaway Blvd. | Tel. 1718-641-4700 | www.nyra.com | Subway: Aqueduct-North Conduit, A | Queens*

MEERJUNGFRAUENPARADE 🐷 [152 C5]

Den Beginn des Sommers feiert Coney Island *(S. 43)* mit der lustigen, schrillen und kostenlosen Mermaid Parade entlang der Surf Avenue. Seeungeheuer, Könige der Meere und Badeanzugschönheiten genießen die Aufmerksamkeit – für Zuschauer ein großartiges Spektakel. Wer möchte, läuft selbst mit und nimmt ein Bad in der Menge. *Meist im Juni, genaues Datum auf der Website www.coneyisland.com/mermaid | Subway: Coney-Island-Stillwell Av., D, F, N, Q | Coney Island/Brooklyn*

NACHTGERICHT IN CHINATOWN 🐷 [129 D2]

Insider Tipp

Im Criminal Courts Building tagt das Nachtgericht von Chinatown. Bis ein Uhr nachts (mit Pause zwischen 21 und 22.15 Uhr) sind Gerichtsverfahren angesetzt, an denen die Öffentlichkeit teilnehmen kann. Die Richter entscheiden, ob der Angeklagte auf Kaution freigelassen wird oder ins Gefängnis muss. Reale Dramen aus dem Alltag von New York. *Eintritt frei | 100 Cen-*

tre St. | Tel. 1646-386-4511 | www. courts.state.ny.us/courts/nyc/criminal | Subway: Brooklyn Bridge-City Hall, 4, 5, 6 | Chinatown/Manhattan

SCHLEPPER-REGATTA 🐷 **[144 C4]**
Im September startet das New York Tugboat Race auf Höhe der 79th Street am 79th Street Boat Basin des Hudson River. Das Rennen der klobigen kleinen Boote mit ihren rauchenden Schornsteinen, die sonst die großen Ozeanriesen durch den New Yorker Hafen bugsieren, ist zwar nur kurz, dafür aber kostenlos und unterhaltsam. Außerdem bekommt das

Sport mit Aussicht – die Brooklyn Bridge fest im Visier

bestaussehende Boot einen Preis, es gibt ein Spinatwettessen in Anlehnung an die berühmte Comicfigur Popeye, und es werden weitere Wettbewerbe ausgetragen. Der Jachthafen allein ist übrigens bereits einen Besuch wert: Oben im Café werden Kaffee und Bier ausgeschenkt, **beeindruckend ist der Blick auf die Küste von New Jersey.** *Annual Tugboat Race | www.workingharbor.com | Subway: 79 St., 1 | Upper West Side/ Manhattan*

Insider Tipp

SCHUHPUTZER [138 A2]

Vor allem am Grand Central und an der Public Library gibt es sie noch: die erhöhten Holzsitze der Schuhputzer. Für nur $ 6 werden Ihre Schuhe aufgemöbelt und glänzen wie neu. Beobachten Sie den Fachmann genau – ein kleines Schauspiel! *Subway: Grand Central-42 St., 4, 5, 6, 7, S | Midtown/Manhattan*

AUSSICHT

BROOKLYN BRIDGE [129 D4]

New York hat viele schöne Brücken – aber die mehr als 125 Jahre alte Brooklyn Bridge ist und bleibt der Klassiker und Gewinner im Schönheitswettbewerb. Am schönsten ist der Weg über die Brücke von Brooklyn aus, die Skyline von Manhattan immer im Blick. *Start auf der Prospect St. zwischen DUMBO und Brooklyn Heights | Subway: High St. – Brooklyn Bridge Station, A, C | Brooklyn*

BROOKLYN HEIGHTS PROMENADE 🐷 [152 C3]

Eine breite Holzpromenade führt hoch oben über dem East River entlang an Brooklyns legendärem Künstlerviertel Brooklyn Heights. Auf der einen Seite blicken Sie über den Fluss auf die Skyline des südlichen Manhattan, auf der anderen Seite sehen Sie viele der sogenannten *brownstones*: So werden die bürgerlichen Häuser mit steilen Treppen, die zur Eingangstür führen, genannt. Besonders zum Sonnenuntergang lohnt es sich, hier entlang zu spazieren. *Zwischen Montague St. und Middagh St., ganz im Nordwesten am Ufer des East River | Subway: Clark St., 2, 3 | Brooklyn Heights/Brooklyn*

DUMBO/ BROOKLYN BRIDGE PARK [129 E5]

Insider Tipp

DUMBO (Abkürzung für „Down Under the Manhattan Bridge Overpass")

heißt der Teil Brooklyns, der von der Brooklyn Bridge im Süden und der Manhattan Bridge im Norden begrenzt wird. Hier, an der Ecke von Water und Washington Street, liegt das perfekte Fotomotiv: die Brooklyn Bridge mit Skyline und Wasser.

Gehen Sie von dort zum Ufer des East River und entdecken Sie den Brooklyn Bridge Park mit kleinem Strand und Sitzgelegenheiten zum Ausruhen. Folgen Sie dem Parkverlauf Richtung Süden. Der Weg führt Sie vorbei an Beachvolleyballfeldern, Kajakdocks, einem Karussell und vielem mehr. Das industriell geprägte DUMBO ist heute eine teure und angesagte Gegend zum Wohnen und Arbeiten. *Subway: York St., F | DUMBO/Brooklyn*

ELEVATED ACRE [128 B5]

Versteckt zwischen den Hochhäusern des Financial District liegt dieser rechteckige Park mit wunderschönem Blick auf den East River und die Brooklyn Bridge. Hoch geht es per Rolltreppe, und dann bietet sich die kleine Wiese perfekt für ein Picknick an. *55 Water St. | Subway: South Ferry – Whitehall Street, 1, R, W | Financial District/Manhattan*

STATEN ISLAND FERRY [128 B5]

Diese Fährfahrt ist der Klassiker unter den Gratisabenteuern in New York. Lassen Sie sich auf dem Wasser nach Staten Island schaukeln, und genießen Sie die sich langsam entfernende Skyline von Manhattan. Die Fahrt führt an der Freiheitsstatue, an Ellis Island und Brooklyn vorbei. Die kleine Rundreise dauert etwa eine Stunde. *Subway: South Ferry, 1 | Financial District/Manhattan*

TIMES SQUARE [137 E1–2]

Straßen und Plätze werden in Manhattan zunehmend verkehrsberuhigt, selbst der berühmte Times Square ist nun teilweise eine Fußgängerzone. Lassen Sie sich nieder und betrachten Sie die sich stetig vorwärts schiebenden Menschenmassen und die rasanten Werbespots auf den gigantischen LED-Wänden. *Subway: Times Sq.-42 St., N, Q, R, S, 1, 2, 3, 7 | Midtown/Manhattan*

BEAUTY & WELLNESS

AMERICAN BARBER INSTITUTE [137 D3]

Wie wäre es mit einem Besuch beim Friseur in New York? Für nur $ 3 pro Haarschnitt riskieren Sie zumindest nicht viel Geld, und es schnippeln nette Auszubildende an Ihren Haaren. *48 West 39th St. | Tel. 1212-290-2289 | www.abi.edu | Subway: 28 St., 1 | Chelsea/Manhattan*

SHAMBHALA MEDITATION CENTER [137 D5]

Im sechsten Stock eines von außen unscheinbaren Hochhauses erwartet Sie ein modernes Entspannungsparadies. Mit freundlichen Menschen und einer Tasse Gratis-Tee können Sie verschiedene Arten der Meditation lernen. Viele Angebote sind umsonst. Allein die Erfahrung, sich einmal mitten in Manhattan in einem komplett stillen Raum aufzuhalten, lohnt einen Besuch! *Kein Eintritt,*

Spenden erwünscht | 118 West 22nd St., 6. Stock | Tel. 1212-675-6544 | www.ny.shambhala.org | Subway: 23 St., F, M | Chelsea/Manhattan

SPA CASTLE [153 E2]

Für werktags nur $ 40 (am Wochenende $ 50) können Sie einen ganzen Tag im koreanischen Spa in Queens verbringen. Auf fünf Stockwerken locken Whirlpools, Wasserfälle, Außen- und Innenschwimmbäder, sieben unterschiedliche Saunas, Entspannungsräume und Massagen (letztere für einen Aufpreis). Die Anreise dauert etwas, aber schon die Fahrt mit der Subway bringt Spaß, da man hauptsächlich überirdisch fährt

CLEVER!

> *Gratisstunden in fernöstlicher Körperkunst*

Vogelgezwitscher, Blätterrauschen, plätscherndes Wasser – all das bekommen Sie *for free,* wenn Sie umsonst und draußen Tai Chi, Pilates oder Yoga machen. Fernöstliche Entspannung für Körper und Geist wird im Sommer in mehreren New Yorker Parks gelehrt. Drei Beispiele: Im Brooklyn Bridge Park *(Subway: Clark St., 2, 3 | Brooklyn* [129 E4]*)*, Bryant Park *(Subway:* 42 St.-Bryant Park, B, D, F, M | Manhattan [137 F2]*)* und Socrates Sculpture Park *(Subway: Broadway, N, Q | Queens* [143 F3]*)* werden Übungskurse angeboten. In der Regel finden die Gratisstunden morgens und abends von Mai bis Anfang September statt. *www.brooklynbridge park.org, www.bryantpark.org, www. socratessculpturpark.org*

und es viel zu gucken gibt. *131–10 Eleventh Av. | Tel. 1718-939-6300 | www.nyspacastle.com | Subway: Flushing Main St., 7, dann Bus Q 25 nach College Point | College Point/ Queens*

insider Tipp

YOGA TO THE PEOPLE

Dutzende Yoga-Stunden jeden Tag – ohne Voranmeldung und auf freiwilliger Spendenbasis. Yoga to the People, oder YTTP, wie die Yogis sagen, ist eine Institution und ein echtes Geschenk für die Stadt. Die Lehrer sind meist großartig. Matten werden für $ 2 Dollar ausgeliehen. Pünktlich kommen, es wird oft voll. *Tel. 917-573-9642 | www.yogatothepeople. com | East Village: 12 Saint Marks, Subway: Astor Place 6 | Upper West Side: 2710 Broadway, Subway: 103rd St. 1 | Brooklyn: 211 N. 11th St., Subway: Bedford Av. L*

PARKS

CENTRAL PARK [141/142, 145/146]

Nach wie vor der Park aller Parks. Ob Picknicken, Boot fahren, um das Jackie-Kennedy-Onassis-Reservoir joggen, Vögel beobachten (mehr als 200 Arten!), Blumen und Bäume bewundern (am besten mit Hilfe der offiziellen städtischen Blüh-Führers *www. nycgovparks.org/greening/bloomguide*), im Sommer in der Rollerskates-Disko tanzen (am Wochenende in der Nähe der Konzertmuschel) und im Winter Schlitten und Langlaufski fahren – hier geht alles! *59th–110th St., Fifth Av.– Central Park West | www.centralparknyc.org*

HIGH LINE [136 B–C3–5]

Die High Line in Chelsea ist eine bepflanzte, ehemalige Hochbahntrasse. Der fantastische Park auf Stelzen symbolisiert das neue, grüne New York. Hier können Besucher mit Sicht auf den Hudson entspannt zwischen Gräsern und Bäumen schlendern. Oder auf den Holzbänken das Werk der Parkdesigner genießen. Zwischen Mai und Oktober werden dienstags um 17.30 Uhr und samstags um 10 Uhr Gratis-Führungen angeboten, Treffpunkt: Eingang Gansevoort Street. *Entlang der 10th Av. zw. Gansevoort u. 34th St. | www. thehighline.org | Subway: 14 St., A, C, E | Chelsea/Manhattan*

HUDSON RIVER PARK [128 A1]

An der Westseite Manhattans liegt der Hudson River Park, der sich von

---

Bild: Park der unendlichen Möglichkeiten – im Central Park kann man (fast) alles machen

der Südspitze bis zur George Washington Bridge im Norden erstreckt. Er bietet viel Grün, Fahrradwege, Joggingpfade, eine Trapezschule, viele Tanzveranstaltungen, Open-Air-Konzerte, Filme im Freien, Tischtennis und Paddelvergnügen. Auch Plätze für Basketball und Beachvolleyball und einen Skater-Park gibt es hier. 🐷 Fast alles kann umsonst genutzt werden. *www.hudsonriverpark.org | Subway: z. B. Chambers St., 1, 2, 3 | Westseite von Manhattan*

SUNSET PARK [153 C4]

Am Eingang zu Brooklyns Chinatown liegt der Sunset Park. Der Name hält, was er verspricht: Zum Sonnenuntergang bieten sich von hier aus traumhafte Blicke über Brooklyn hinaus auf die Skyline von Manhattan und die Freiheitsstatue. *Zw. 41 und 44 St., zw. 5 und 7 Av. | Subway 45 St. N, R, W | Sunset Park/ Brooklyn*

Insider Tipp

SPORTLICH

CITYBIKE

Was gab es anfangs für ein Geschrei: New York sei doch überhaupt keine Stadt für ein Fahrradverleih-Programm, sagten die Kritiker, als Citybike 2013 an den Start ging. Bei dem Verkehr – viel zu gefährlich! Doch inzwischen läuft das Geschäft mit den blauen Fahrrädern blendend, weitgehend unfallfrei und wird ausgebaut. Sogar Promis wie Leonardo DiCaprio werden immer wieder auf Citybikes gesichtet. Für $ 12 pro Tag oder $ 24 für drei Tage gibt es so viele 30-Minuten-Fahrten wie man möchte. *www.citybikenyc.com*

GOWANUS-CANAL-KANUTOUR 🐷 [153 C4]

Insider Tipp

Anwohner nennen den durch Brooklyn fließenden Gowanus Kanal liebevoll „Schwarze Mayonnaise". Die US-Regierung hat das Gewässer offiziell als hochgiftig eingestuft und will es in den nächsten Jahren aufwändig säubern. Aber weil das hier New York ist, gibt es am Kanal trotzdem einen Kanu-Verein. Boote, Paddel und Schwimmwesten werden kostenlos zur Verfügung gestellt – und ein Ausflug über das schwarz-schmierig-schlierig-schlammige Gewässer ist ein skurrilschönes Abenteuer. *Mai–Nov. Mi 18– 20, Sa 13–17 Uhr | Tel. 1718 243 0849 | 125–153 2nd St. | www.gowanuscanal.org | Gowanus/Brooklyn*

KAJAKFAHREN 🐷 [132 A3]

Der Hudson River im Westen und der East River im Osten umfließen Manhattan – und auf beiden kann man zwischen Mai und Oktober kostenlos paddeln gehen! Kajaks, Paddel und Schwimmwesten gibt es umsonst und die besten Blicke auf Manhattan vom Wasser aus auch noch gratis dazu. Die Zeiten ändern sich häufig, informieren Sie sich am besten vorher online. *Tribeca/Manhattan: www. downtownboathouse.org | Long Island City/Queens: www.licboathouse. org | Brooklyn Heights/Brooklyn: www.bbpboathouse.org/*

MIDSUMMER NIGHT SWING/ OUT OF DOORS [141 D2]

Eine dreiwöchige Tanzparty unter freiem Himmel findet im Juni und Juli vor dem Lincoln Center statt. Für den Midsummer Night Swing spielt jeden Abend eine andere Band Tango, Salsa, Swing und Rock'n'Roll *(Di–Sa)*. Sie können ein Ticket kaufen oder – wie viele andere Besucher auch – 🐷 direkt vor dem Veranstaltungsort tanzen, wo es umsonst ist. Im August löst Lincoln Center Out of Doors mit 🐷 Gratiskonzerten und Veranstaltungen das Tanzvergnügen

ab. *Tel. 1212-875-5456 | www.lin colncenter.org | Subway: 66 St., 1 | Upper West Side/Manhattan*

MORNING WORKOUTS

Inside Tipp

In der Stadt, die niemals schläft, treffen sich besonders Fitnessbegeisterte im Morgengrauen zum gemeinsamen Workout – 🐷 und Sie können gratis oder gegen eine kleine Spende dabei sein! Einfach auf *www.therisenyc. org* und *http://november-project. com/new-york-ny/* Zeiten und Orte checken. Dazu bietet die Stadtverwaltung unter *www.nycgovparks. org/programs/recreation/shape-up- nyc* viele, häufig kostenlose Kurse in allen Bezirken an.

TOUREN & AUSFLÜGE

CONEY ISLAND [152 C5]

Inside Tipp

Es gibt viele Gründe, nach Coney Island zu fahren: den Strand, das billige Essen *(Hotdogs ab $ 1)*, die alte charmante Achterbahn, die skurrilen Bewohner und Besucher, die breite Promenade sowie die vielen Buden und Läden mit Krimskrams und kitschigem Zeug. Es lohnt sich, einen Blick ins Coney Island Museum zu werfen mit seinen vielen Exponaten zur Geschichte des Vergügungsparks

– für nur $ 5. *1208 Surf Av. | www.coneyisland.com | Subway: Coney Island-Stillwell Av., D, F, N, Q | Coney Island/Brooklyn*

FEDERAL RESERVE BANK [128 B4]

Mehr als 500 000 Goldbarren liegen tief im Boden von Manhattan – natürlich strengstens bewacht, aber Sie können trotzdem vorbeischauen. Eine einstündige Gratisführung bringt Sie hinter die Kulissen der US-Notenbank. Die Plätze füllen sich allerdings rasend schnell, deswegen muss man auf jeden Fall 30 Tage im Voraus reservieren. *Touren Mo–Fr zweimal tgl. | 33 Liberty St. zw. Nassau St. u. William St. | Tel. 1212-720-6130 | www.newyorkfed.org | Subway: Wall St., 2, 3 | Financial District/Manhattan*

GOVERNORS ISLAND [152 C3]

Obwohl nur wenige hundert Meter von Manhattan und Brooklyn entfernt, ist Governors Island eine eigene Welt. Die autofreie Insel im Hafen von New York bietet zwischen Mai und Oktober Picknickwiesen, Spielplätze, Hängematten, Konzerte, Ausstellungen, Foodtrucks von extra aufgeschütteten Hügeln aus einen Traumblick auf die Skyline von Manhattan und die Freiheitsstatue. Am besten mietet man sich ein Fahrrad und radelt gemütlich um die Insel herum. *Tandem $ 25/Std. | Subway (Manhattan): South Ferry, 1; Subway (Brooklyn): Clark St., 2, 3*

GREEN-WOOD CEMETERY [152 C4]

Auf dem Hügel Battle Hill in Brooklyn erstreckt sich der wunderhübsche Friedhof Green-Wood. In der Ferne liegen Manhattan und die Freiheitsstatue. Zwischen Teichen, Bäumen und Gras finden Sie die Gräber des Komponisten Leonard Bernstein oder des berüchtigt-brutalen Bill „the Butcher". Daniel Day-Lewis spielte ihn in Martin Scorseses Film „Gangs of New York". *Okt.–Mai 8–17, April–Sept. 7–19 Uhr | 500 25th St. | Tel. 1718-768-7300 | www.green-wood.com | Subway: 25 St., R | Sunset Park/Brooklyn*

GÜNSTIGE STADTFÜHRUNGEN

Essen auf der Lower East Side, Graffiti bewundern in Bushwick oder nach Promis Ausschau halten im West Village: Das Angebot an Stadtführungen in New York ist überwältigend. Und überwältigend ist leider auch bisweilen der Preis. Das Programm von „Free Tours by Foot" sticht da heraus, denn es ist entweder komplett umsonst (wenn man sich selbst mit Hilfe der ausführlichen Online-Angaben leitet) oder auf freiwilliger Spendenbasis (wenn man eine geführte Tour mitmacht). Vergleichsweise günstige und dennoch qualitativ hochwertige Führungen abseits abgetrampelter Pfade gibt es bei Forgotten New York und Untapped Cities. *www.freetoursbyfoot. com/new-york-tours/* | *http://forgot ten-ny.com/forgotten-tours/* | *https:// untappedcities.com/tours/*

IKEA-FÄHRE [128 C5]

Von Pier 11 an der Ostseite von Manhattan fährt ein Wassertaxi nach Brooklyn und legt bei Ikea an. Auf dem Deck können Sie sich den Wind durch die Haare pfeifen lassen, während Sie an Governors Island und Brooklyns Westseite vorbeidüsen. 🐷 Samstags und sonntags ist dieser Service kostenlos. Etwa alle 50 Minuten legt eines der gelben Boote ab. Wenn Sie nicht auf Möbelsuche sein sollten, nehmen Sie einfach die nächste Fähre nach Manhattan zurück. Oder Sie

CLEVER!

> **Bei Gospelkonzerten mitsingen**

Fröhlich, energiegeladen und stimmgewaltig: In vielen Kirchen New Yorks finden Gospelgottesdienste statt. Lassen Sie sich mitreißen, und erleben Sie kleine Livekonzerte, in denen sich Glaube und Lebensfreude in Musik verwandeln! Das Erlebnis kostet nichts – die Gemeinden freuen sich aber über eine Spende. Organisierte Touren führen Touristen zu großen Kirchen, doch man kann die eindrucksvollsten Gotteshäuser auch alleine aufsuchen. Die Gemeinden nehmen ausländische Gäste freundlich auf und lassen sie auch gerne bei den Liedern mitsingen. *First Corinthian Baptist Church* | *So 7.30, 9.30 und 11.30 Uhr* | *1912 Adam Clayton Powell Jr. Blvd.* | *Tel. 212 864 5976* | *www.fcbnyc. org* | *Subway 116 St. A, B, C*| Harlem [150 B4]; *Brooklyn Tabernacle: So 9, 12 u. 15 Uhr* | *17 Smith St.* | *Tel. 1 718-290-2000* | *www.brooklyntabernacle.org* | *Subway: Jay St.-Metro Tech, A, C, F* | *Brooklyn* [152 C3]

erkunden Red Hook: Das etwas heruntergekommene Hafenviertel hat seine malerischen Seiten und wird von Künstlern wiederentdeckt. *Pier 11, Höhe Wall St. am East River | Mo–Fr 14–19.15, Sa/So 11.30–20.40 Uhr | Subway: Wall St., 2, 3 | Financial District/Manhattan*

THE ROCKAWAYS [153 E5]

Fahren Sie mit der U-Bahn zum Strand von Rockaway Beach in Queens. Das einst vergessene Strandviertel erlebt gerade eine Renaissance, mit Surfclubs (der Surfstrand liegt zwischen der 88th und 90th Street), netten Cafes und Streetfood. Der neue Vibe der Rockaways zieht an Sommerwochenenden viele junge Menschen aus Brooklyn und Manhattan an. *Subway: Beach 90 St., A (Surfer) | Rockaway Park; Beach 116 St., A (Sonnenbaden) | Rockaway/Queens*

Insider Tipp
STATEN ISLAND YANKEES [153 D1]

Ob Baseball, Football oder Basketball – in New York sind viele berühmte Profimannschaften zu Hause. Die Tickets zu den Spielen sind allerdings meistens sehr teuer. Eine Aus-nahme sind im Sommer die Staten Island Yankees, der kleine Bruder der „richtigen" Yankees aus der Bronx. Die Baseballmannschaft spielt zwar nur in einer Art zweiten Liga, dafür gibt es Tickets aber auch schon ab $ 12 – und den Blick aus dem Stadion über die Skyline von Manhattan gratis dazu, manchmal sogar mit Feuerwerk. Gibt es einen schöneren Weg zum Sport als mit der Staten Island Ferry? Wohl kaum. *Juni–Aug., 75 Richmond Terrace | Tel 1718 720 9265 | www.siyanks.com | direkt westlich des Fähranlegers der Staten Island Ferry | Staten Island*

SUBWAY-7-RUNDFAHRT [137 E1]

Die U-Bahn-Fahrt von Manhattan nach Flushing in Queens mit der U-Bahn-Linie 7 ist legendär. In den Waggons können Sie Menschen aus aller Welt beobachten, vor den Fenstern rauscht das multikulturelle Queens mit Holzhäusern und Fabrikgebäuden vorbei. In Flushing angekommen, können Sie sich entweder den Flushing Meadows Corona Park mit der berühmten Weltkugel-Skulptur „Unisphere" anschauen, wo auch das Tennisturnier US Open stattfindet, oder sich durch das dortige Chinatown schlemmen. Eine

Weltreise für ein Metroticket zu $ 2.25. *Einstieg z. B. am Times Square | Subway: Times Sq. – 42 St., 7 | Midtown/ Manhattan*

WOODLAWN CEMETERY

Einer der bekanntesten Friedhöfe der Welt. Hier sind die legendären Jazzer Miles Davis und Duke Ellington, „Moby Dick"-Autor Herman Melville, die Queen of Salsa Celia Cruz und viele andere Berühmtheiten bestattet. Riesige Mausoleen, Skulpturen und Gräber im Schatten großer Bäume lohnen einen Besuch. *Tgl. 8.30–16.30 Uhr | Eingang Webster Av. und East 233rd St. | Tel. 1718-920-0500 | www.thewoodlawncemetery.org | Subway: Woodlawn, 4 | Bronx*

Ort der Ruhe: alte Bäume und Grabstätten berühmter Amerikaner auf dem Woodlawn Cemetery

> Big Apple, small Brötchen – die globale Küche New Yorks muss nicht die Welt kosten

Bagel, Pizza, Hotdog: der Dreiklang der berühmten New Yorker Gerichte, die jeder Besucher probiert haben sollte, macht bereits klar, dass die Weltstadt essensmäßig mal ganz bescheiden anfing – als Ort der armen europäischen Immigranten und ihrer Küchen –, bevor sie zum Gastronomiemekka und Michelin-Sterne-Paradies mutierte. Die Bodenständigkeit der New Yorker Küche hat sich in ihrer ungeheuren ethnischen Vielfalt bis heute fortgesetzt. Wer uruguayisch frühstücken, tibetisch mittagessen, japanisch Tee trinken und somalisch abendessen mag, der ist hier richtig – und zwar ohne übermäßig viel auszugeben. Selbst die neuesten Trends wie der Kaffee- und Streetfood-Hype sind bezahlbar. Ob Cronut, Rainbow Bagel oder Ramen Burger – in dieser Metropole werden ständig neue Essenstrends geschaffen. Und viele New Yorker bezeichnen sich selbst als *foodies*, also echte Feinschmecker, die diesen Trends bis in die hintersten Winkel der Stadt nachspüren, in langen Schlangen anstehen und natürlich alles fotografisch festhalten. Essen in New York ist wie eine eigene, unverzichtbare Weltreise, ein nie endendes Karussell an Ideen, Gewürzen und Kulturen, das für jedes Budget exzellente Qualität bietet. Viel Spaß und guten Appetit!

ESSEN & TRINKEN

CAFÉS

AMY'S BREAD [132 C3]

Die Bäckerei ist rundherum verglast und hat eine übersichtliche Anzahl an Sitzplätzen. Hier werden wunderbares Brot und exzellente Kuchen gebacken sowie gute Sandwiches geschmiert. Schwelgen Sie in einer großen Auswahl an Süßem und Salzigem für Frühstück und Lunch. Kaffee, Baguette und Marmelade am Morgen kosten nur $ 4.75, mittags gibt es ein Brie-Apfel-Brötchen für $ 6.95. Und zum Nachtisch vielleicht einen Cupcake namens „Devil's Food" für nur $ 3.25? *250 Bleecker St. | Tel. 1212-675-7802 | www.amysbread.com | Subway: W 4 St., A, B, C, D, E, F, M | West Village/Manhattan*

MUDSPOT [133 E3] Insider Tipp

Wo das East Village noch das East Village sein darf: ein Ort mit einer entspannten Atmosphäre und viel guter Musik. Vor dem Mudspot stehen ein paar Bänke, damit die Raucher auch zu ihrem Recht kommen. Der große Kaffee geht für nur $ 2.75 über die Theke. *307 East 9th St. | Tel. 1212-228-9074 | www.mudnyc.com | Subway: Astor Pl., 6 | East Village/Manhattan*

FOOD TRUCKS

HALAL GUYS

Als der Wirbelsturm Sandy 2012 über New York hinwegfegte, war die Stadt wie verlassen, und die meisten Geschäfte blieben geschlossen – nur die Halal Guys harrten weiter tapfer an ihrem Stand aus und witterten geschäftsmännisch ihre Chance. Mit dieser Hartnäckigkeit machten die drei Einwanderer aus Ägypten aus einem kleinen Gyros-Stand ein Welt-Imperium, das schon lange nicht mehr nur muslimische Taxifahrer frequentieren. Restaurants und Stände gibt es inzwischen in den ganzen USA und darüber hinaus, aber das Original, wo alles begann, steht immer noch an der Ecke West 53rd and 6th Ave. *www.thehalal guys.com*

KORILLA BBQ [133 E3]

Korilla mischt zwei Küchen, die eigentlich weit auseinander liegen: mexikanische *tacos* mit koreanischem *kimchi* (sauer eingeleges Gemüse mit asiatischen Gewürzen). Die *burritos* und *tacos* mit gegrilltem Rindfleisch oder Tofu für etwa $ 10 mit *kimchi*-Einlage sind hochgradig angesagt. Auf der Website *www.korillabbq.com* finden Sie den aktuellen Standort des Korilla-Foodtrucks. Zusätzlich gibt es auch mehrere kleine Korilla Restaurants, unter anderem eins im East Village. *23 3rd Av. | Tel. 1-646-823-9423 |*

Subway: Astor Pl., 6 | East Village/ Manhattan

NUCHAS

Aus dem Busfenster werden frisch gebackene *empanadas* für nur $ 3.99 das Stück verkauft. Die Teigtaschen aus Lateinamerika mit würziger Gemüse- oder Fleischfüllung sind perfekt für den kleinen oder großen Hunger zwischendurch. Und sogar für Nachtisch ist gesorgt, mit Apfel- oder Nutella-*empanadas*. Den Standort des Trucks finden Sie täglich auf der Webseite oder bei Twitter. Neuerdings hat das kleine Empanada-Imperium auch drei feste Buden: eine auf dem Times Square, eine am Greeley Square schräg gegenüber dem Kaufhaus Macy's und eine in Downtown Brooklyn. *www.nuchas.com*

IMBISSE

99 CENTS FRESH PIZZA [133 E4]

Insider Tipp

Ein *slice* in der Hand, schlendernd gegessen, gehört zum Leben in New York dazu. Jeder weiß hier: Wenn das Geld ausgeht, kann man immer noch von Pizza leben. Natürlich gibt es auch richtig gute italienische Restaurants in der Stadt, aber wenn das Konto leer

Die müssen Sie entdecken: die köstliche Empanada-Welt von Nuchas

und der Abend spät ist, dann muss ein *dollar slice* her – und dann schmeckt so ein käsig-tomatiges Stück Pizza auch richtig gut. *71 2nd Av. | Tel. 1212-967-3310 | Subway: 2nd Av., F | East Village*

DOMINIQUE ANSEL BAKERY [132 B4]

Mit dem Cronut – einer Mischung aus Croissant und Donut – schuf Bäcker Dominique Ansel die Mutter aller Foodtrends. Aber auch, wenn die Cronuts (wie meistens) ausverkauft sind, lohnt allein schon ein Blick in Ansels Auslage voller kreativer Köstlichkeiten einen Besuch. *189 Spring St. | Tel. 1212-219-2773 | www.dominiqueansel.com | Subway: Spring St., CE | Greenwich Village/Manhattan*

DOS TOROS TAQUERIA [133 E2]
Einfach, schnell, billig: Der rustikale Imbiss, zum Beispiel mit einer Filiale in der Nähe vom Union Square, bietet mexikanische *tacos*, *burritos* und *quesadillas*. Die Macher haben ihre Ideen aus Los Angeles mitgebracht, die überschaubare Speisekarte besteht aus Gerichten ab $ 3 – wie geschaffen für den schnellen Hunger. An wuchtigen Holztischen lassen sich die herzhaften Bohnen- und Fleischspeisen sofort verzehren. *137 4th Av. | Tel. 1212-677-7300 | www.dostoros.com | Subway: 14 St.-Union Sq., L, N, Q, R, 4, 5, 6 | East Village/Manhattan*

GRAY'S PAPAYA [141 E1]
Rund um die Uhr werden bei Gray's Papaya günstige Hotdogs und Papayasäfte serviert. Kult ist das „Recession Special" – zwei Hotdogs und ein Drink für $4.95.

Aus den Fenstern des Stehimbisses lässt sich wunderbar das Treiben auf der Upper West Side beobachten. *2090 Broadway | Tel. 1212-799-0243 | http://grayspapayanyc.com | Subway: 72 St., 2, 3 | Upper West Side/Manhattan*

HAMPTON CHUTNEY [133 D4] Inside-Tipp
Dieses gesunde Fast-Food-Restaurant serviert köstlich-knusprige indische Crêpes aus Reismehl. Sie heißen *dosas* und sind etwas säuerlicher als die französischen. Der klassische *masala dosa* mit indischen Gewürzen und Kartoffelfüllung kostet $ 8.95 und ist so groß, dass er sich gut teilen lässt. Auf Barhockern sitzend kann man dazu einen *tschai* (indischen Tee) schlürfen oder das Gratiswasser trinken. *68 Prince St. | Tel. 1212-226-9996 | www.hamptonchutney.com | Subway: Prince St., N | SoHo/Manhattan*

MILE END DELICATESSEN [133 D4]
Hier gibt es richtig gute Sandwiches und andere kanadische Spezialitäten. *Poutine* zum Beispiel, Pommes mit Käse und Fleischsauce für $ 9 – macht wirklich jeden satt. *97 Hoyt St. | Tel. 1718-852-7510 | www.mi*

leenddeli.com | Subway: Hoyt-Schermerhorn A, C, G | Boerum Hill/Brooklyn

SHAKE SHACK [137 E5]

Aus einem kleinen Stand im Madison Square Park hat Koch Danny Meyer ein Weltimperium gemacht. Am besten schmecken die Burger, Hot Dogs und Milchshakes aber immer noch dort, wo alles begann, im Park mit Blick auf das wunderschöne Flatiron Building. Und selbst das Schlange stehen gehört inzwischen auf jeden Fall dazu, um das Kult-Erlebnis als Ganzes zu genießen. *Madison Av. und 23rd St. | Tel. 1212-889-6600 | www.shakeshack. com | Subway: 23rd St., R, W | Flatiron/Manhattan*

STREECHA [133 E4]

Insider Tipp

Im Keller eines unscheinbaren Hauses verbirgt sich ein kleines ukrainisches Restaurant. Von Mittwoch bis Sonntag kann man hier zu Mittag essen – und selbst wenn man einmal die Karte rauf und runter bestellt, hat man noch keine $ 20 ausgegeben! *33 East 7th St. | Tel. 1212-677-7160 | Subway: Astor Place 6 | East Village/Manhattan*

CLEVER!

> *Gourmetschnäppchen bei der Restaurant Week*

Zweimal im Jahr stürmen die New Yorker in die besten Restaurants und testen die günstigen Angebote während der „Restaurant Week". Im Januar/Februar und Juni/Juli gibt es die leckersten Delikatessen und feinsten Speisen zum festen Preis von rund $ 26 für Lunch und $ 42 für Dinner. Drei-Gänge-Menüs werden zu einem niedrigen Preis höchst selten in New York serviert, zumindest nicht in den gehobenen Gourmettempeln – deshalb sind manche Restaurants auch schnell ausgebucht. Reservieren Sie rechtzeitig! Die genauen Termine, eine Liste der teilnehmenden Restaurants und die aktuellen Preise können Sie auf der Internetseite *www.nycgo.com/restaurantweek* in Erfahrung bringen. Bedenken Sie, dass Getränke nicht im Preis mitenthalten sind und sowohl *tax* (Steuer) als auch *tip* (Trinkgeld) noch hinzukommen.

TACOMBI @ FONDA NOLITA [133 D4]

Hier wird das Essen aus dem Seitenfenster eines alten VW Busses serviert und die Speisekarte auf dessen hochgeklapptem Dach präsentiert. Das ganze wirkt eher wie eine Kunstinstallation. Nach Wunsch der Betreiber soll man sich an den Strand von Yucatán in Mexiko versetzt fühlen. Die *tostadas*, *tacos* und *tamales* sind billig und gut. Essen kann man an Tischen neben dem Bus – das Ganze befindet sich unter dem Dach eines garagenartigen Gebäudes im

Chinesisches zum erschwinglichen Preis: Vanessa's Dupling House

schicken SoHo. Die Snacks kosten ab $ 4. *267 Elizabeth St. | Tel. 1917-727-0179 | www.tacombi.com | Subway: Broadway-Lafayette, B, D, F, M | SoHo/Manhattan*

TASTY DUMPLINGS [129 D2]

Ein günstiger chinesischer Mini-Nudelladen für Suppen und *dumplings*,

(Teigtaschen) und exotisch noch dazu: In diesem, etwas abgelegenen Teil von Chinatown sprechen viele nur Chinesisch. Die Wonton-Nudelsuppe ist für nur $ 5 zu haben. Besonders zu empfehlen ist das Huhn mit Shitake-*dumplings*. Der Laden gewinnt keinen Designerpreis für seine Ausstattung, aber der Magen dankt dem Koch für wohlige Wärme. Die handgemachten Teigtaschen gibt es mit diversen Füllungen. *42 Mulberry St. | Tel. 1212-349-0070 | Subway: Canal St., 6, J, N, Q, Z | Chinatown/Manhattan*

VANESSA'S DUMPLING HOUSE

Für nur $ 1.75 werden Ihnen vier chinesische *dumplings* mit Schweinefleischfüllung gebraten. Oder lieber Sesampfannküchlein mit Ente? Dafür müssen Sie $ 4 hinlegen. Die drei Filialen dieses Chinesen: *118A Eldridge St. | Tel. 1212-625-8008 | Subway: Grant St., B, D | Chinatown/Manhattan* [129 E1]*; 220 E 14th St. | Tel. 1212-529-1329 | Subway: 14 St.-Union Sq., L, N, Q, R, 4, 5, 6 | Union Square/Manhattan* [133 E2]*; 310 Bedford Av. | Tel. 1718-218-8809 | Subway: Bedford Av. L Williamsburg/Brooklyn | www.vanessas.com*

RESTAURANTS

ALMA [152 C4]
Das mexikanische Essen ist nicht nur lecker, sondern auch authentisch. Aber als der wahre Knüller erweist sich der <mark>traumhafte Blick von der Dachterrasse</mark> dieses Lokals in Brooklyn auf die Skyline von Downtown Manhattan. Über alte Hafenanlagen und Kräne sieht man via East River auf die Südspitze, wo einst die World-Trade-Center-Türme in den Himmel ragten. Links daneben erblickt man die Insel Governors Island. Bei diesem Mexikaner verscheuchen die *huevos oaxaca* (Spiegeleier mit scharfer Soße) und Bratkartoffeln für $ 9 den Hunger für viele Stunden. Die *guacamole* (Avocadomus) ist eine der besten von ganz New York *($ 13)*. Der Service ist schnell und freundlich, im Hintergrund läuft mexikanische Musik. Brunch gibt es nur am Wochenende ab 10 Uhr. *87 Columbia St., Degraw St. | Tel. 1718-643-5400 | www.almarestaurant.com | Subway: Carroll St., F | RedHook/Brooklyn*

BURGER JOINT [141 E4]
Ja, Sie sind richtig – auch wenn Sie vor dem teuren Parker-Hotel stehen. Gehen Sie rein, biegen Sie direkt hinter der Rezeption nach links, dann wieder nach rechts ab und: Überraschung! Sie stehen mitten in einem lässigen Burger-Laden, wo es für $ 9 köstliche Hamburger gibt. *119 West 56th St. | Tel. 1212-708-7414 | www.burgerjointny.com | Subway: 57 St. F | Midtown/Manhattan*

CAFÉ HIMALAYA [133E4]
Momos heißen die tibetanischen Teigtaschen, die traditionell mit Rindfleisch und Kräutern gefüllt sind. Die herzhaften Speisen aus Nepal und Tibet sind in diesem Minirestaurant fair kalkuliert. Namen wie *shapta* (tibetisches scharfes Rindfleischgericht) oder *tsel shesha* (Gemüsepfanne) werden auf der Speisekarte gut erklärt und versetzen einen direkt ins Himalajagebirge. Salate kosten ab $ 5.25, Hauptgerichte ab $ 8. Dazu empfielt sich ein frisches *mango lassi* für $ 3.50. *78th East 1st St. | Tel. 1212-358-0160 | www.cafehimalaya.weebly.com | Subway: 2 Av., F | East Village/Manhattan*

CAFÉ KATJA [129 E1]
Die Bratwurst mit Sauerkraut im Café Katja ist perfekt für hungrige

Stadtbummler. Auch der Preis ist fair: Sie kosten nur $ 8. Wenn Sie lieber Fisch essen, hilft vielleicht ein Heringssalat für $ 9. Bei Kerzenlicht sitzt es sich hier besonders gemütlich. Danach können Sie die hippe Lower-East-Side-Szene vor der Tür unter die Lupe nehmen. *79 Orchard St. | Tel. 1212-219-9545 | www.cafe-katja.com | Subway: Delancy St., F | Lower East Side/ Manhattan*

CROOKED TREE CREPERIE [133 E–F4]

Stehen Sie auf Crêpes mit Nutella und Erdbeeren? Dann sind Sie hier genau richtig! Im klitzekleinen Restaurant spielt coole Musik im Hintergrund, die Bedienung ist witzig, und vor dem Laden kann man draußen sitzen, sofern es die Temperaturen zulassen. Dazu genießt man am besten eine leckere Pfirsich-Sangria. Hoher Gemütlichkeitsfaktor: Auch wenn der Laden rappelvoll ist, kommt hier keine lästige Bedienung, um auffordernd die Rechnung auf den Tisch zu legen und damit einen baldigen Aufbruch anzuregen (was in anderen Restaurants in New York üblich ist). Die Crêpes gibt es schon ab $ 5. *110 St.*

Marks Pl. | Tel. 1212-533-3299 | Subway: Astor Pl., 6 | East Village/ Manhattan

CURRY-IN-A-HURRY [133 F4]

Preiswerte indische Küche finden Sie an vielen Orten in Manhattan, aber dieser bunte und lebendige Fast-Food-Inder macht ein besonders leckeres *chutney* und viele günstige Kleinigkeiten. Suchen Sie sich ein paar *pakoras* (in Kichererbsenteig ausgebackenes Gemüse oder Hühnchen, $ 2.50 je Stück) aus und gehen Sie zum Essen ein Stockwerk höher ins ruhige Restaurant. Dort können Sie sich 🐖 gratis scharfe Soßen und Salat zum Eindippen aussuchen. *119 Lexington Av. | Tel. 1212-683-0900 | www. curryinahurrynyc.com | Subway: 28 St., 6 | Murray Hill/Manhattan*

EISENBERG'S COFFEE SHOP [137 E5]

In diesem „echten" *diner* – traditionell, hektisch und effektiv – brät die Kochmützenmannschaft seit 1929 Eier, *bacon* und Burger für ihre Gäste. Das riesige Thunfisch-Sandwich ist der Renner und kostet nur $ 8! Setzen Sie sich an die Theke und beobachten Sie die erstaunliche Schnelligkeit und

Routine, mit der die Kellner und Köche arbeiten. Es kann einem davon fast schwindlig werden. Mittags ist es besonders interessant, da viele Bestellungen eingehen. Frauen jeden Alters werden hier vom Personal liebevoll mit „Sweetheart" oder „Love" angesprochen. *174 5th Av. | Tel. 1212-675-5096 | Subway: 23 St., N, R | Chelsea/Manhattan*

GANESH TEMPLE CANTEEN [153 E2]

Im Keller eines wunderschönen Hindu-Tempels im multi-religiösen Stadtteil Flushing versteckt sich dessen Kantine – und jeder darf dort essen. Indisch, vegetarisch, und nichts kostet mehr als $ 10. *45–57 Bowne St. | Tel. 1718-460-8484 | www.canteen.nyganeshtemple.org | Subway: Main St. Station 7 | Flushing/Queens*

GRAND CENTRAL OYSTER BAR [138 A2]

Austern essen im Hauptbahnhof? Ganz genau! Und das auch noch extrem stilvoll in einer New Yorker Institution. Wenn Sie keine Austern mögen, ist die vergleichsweise günstige Muschelsuppe *clam chowder* eine gute Alternative. Montags bis Mittwochs zwischen 16.30 und 19 Uhr und Sams-

tags von 13 bis 17 Uhr ist Happy Hour und viele Gerichte deutlich günstiger. *89 East 42nd St. im Untergeschoss des Grand Central Terminals | Tel. 1212-490-6650 | www.oysterbarny.com | Subway: Grand Central 4, 5, 6, 7 | Midtown/Manhattan*

HAN BAT [137 E3]

Die Gegend rund ums Empire State Building bezeichnet man als Koreatown. Etwa zwischen der 31. und der 35. Straße und zwischen der 5. und 6. Avenue reiht sich ein koreanisches Restaurant an das nächste – und Sie können sich durchschlemmen! Rund um die Uhr geht das beispielsweise im gemütlichen Restaurant Han Bat. Eine riesige Portion *bibimbap*, Rindfleisch mit Gemüse, gibt es für $ 15.95 und zahlreiche Sonderangebote zum Mittagessen zwischen 11.30 und 15 Uhr. *53 West 35th St. | Tel. 1212-629-5588 | www.nychanbat.com | Subway: 34 St., B, D, F, M, N, Q, R | Koreatown/Manhattan*

HAN DYNASTY

Scharfe Sichuan-Gerichte bringen die New Yorker zum Hecheln. Der Taiwanese Han Chiang verschaffte seinem asiatischen Restaurant Kultstatus mit (teils) günstigen Leckereien wie Dan Dan Noodles für $ 8! *90 3rd Av. | Tel. 1212-390-8685 | East Village/Manhattan* [133 E2]; *215 W 85th St. | Tel. 1212-858-9060 | Subway: 86 St. 1, 2 | Upper West Side/Manhattan* [145 D3]; *1 DeKalb Av. | Tel. 1718-858-0588 | Subway: DeKalb Av. B, Q, R | Fort Greene/Brooklyn* [152 C3] *| www.handynasty.net*

HOMETOWN BAR-B-Q [152 C4]
Für die im Texasstyle zubereitete Rinderbrust oder die BBQ-Rippchen geht die Reise nach Red Hook. Der Stadtteil war früher nur Seeleuten und Hafenarbeitern vorbehalten. Jetzt können Sie sich hier die Finger lecken – denn ein Pfund(!) grandiose gegrillte Rippchen gibt es für $ 30. *454 Van Brunt St., Eingang auf der Reed St. | Tel. 1347-294-4644 | www.hometownbarbque.com | Subway:*

CLEVER!
> *Trinkgeld und kostenlose Bar Snacks*

Mehr als nur eine kleine Anerkennung: Trinkgeld ist ein wichtiger und großer Anteil des Verdienstes von Kellnern in den USA. Üblich ist es, 15 bis 20 Prozent auf die Restaurantrechnung aufzuschlagen. Kopfrechnen ist gefragt, es gibt allerdings eine einfache Methode, die richtige Summe zu ermitteln: Verdoppeln Sie die New-York-Steuer *(tax)*. Sie ist normalerweise auf der Rechnung extra ausgewiesen und beträgt 8,875 Prozent. Wenn die Bedienung besonders nett und hilfreich war, legen Sie etwas mehr drauf. Bei Getränken an der Bar ist mindestens 1 Dollar pro Getränk angebracht. Wenn der Barkeeper mit einem großzügigen Trinkgeld bedacht wird, spendiert er nicht selten für den Gast ein Freigetränk – aber erst nach dem dritten Drink. Am Tresen wird auch oft etwas für den kleinen Hunger zwischendurch gereicht: Erdnüsse, Salzbrezelchen, spanische Tapas oder Hot Dogs sind beliebte, oft kostenlose Dreingaben. Bloody Marys, Manhattans und Co. zum Schnäppchenpreis bieten viele Kneipen, Bars und Restaurants zur Happy Hour an. Achten Sie auf die Schilder mit Angeboten, die oft auf dem Gehweg aufgestellt sind *(S. 89)*.

Borough Hall, 2, 3, 4, 5 und Bus 61 | Red Hook/Brooklyn

IPPUDO

Japanische *ramen*-Suppen sind ein schmackhafter und günstiger Hit, denn die Portionen sind groß und lassen sich gut teilen. Mit Schweinefleisch oder vegetarisch, aber immer mit selbstgemachten Nudeln. Feine japanische Küche – nicht zu verwechseln mit den Tütensuppen, die es im Supermarkt gibt! Ippudo ist ein sehr angesagter Laden, daher ist mit Wartezeiten zu rechnen. Ab $ 15. *Drei Filialen: 65 Fourth Av. | Tel. 1212-388-0088 | Subway: Astor Pl., 6, 8 St. NYU, N, Q, W | East Village/ Manhattan* [133 E3]; *321 West 51st St. | Tel. 1212-974-2500 | Subway: 50 St. A, C, E | Hell's Kitchen/Manhattan* [141 D4]; *24 West 46th St. | Tel: 1212-354-1111 | Subway: 47–50 St. – Rockefeller Center B, D, F, M | Midtown/Manhattan* [137 F1]

KATZ' DELICATESSEN   [133 E5]

Können Sie sich noch an die Liebeskomödie „Harry und Sally" erinnern? Die wohl berühmteste Szene, in der Meg Ryan beim Essen Billy Crystal einen Orgasmus vortäuscht, wurde hier gedreht, der Tisch ist mit einem großen Schild markiert. Seit mehr als 125 Jahren gibt es bei Katz's die allerbesten Pastrami-Sandwiches. Mit $ 21.45 sind die zwar auf den ersten Blick nicht günstig, dafür aber so riesig, dass von einem Sandwich mindestens zwei, wenn nicht sogar drei Personen satt werden. *205 East Houston St. | Tel. 1212-254-2246 | ww.katzdelicatessen.com | Subway: 2nd Av., F | Lower East Side/Manhattan*

LA MORADA   [153 D1]

Für diesen mexikanischen Familienbetrieb lohnt sich jeder Ausflug in die Bronx! Besonders zu empfehlen sind die Gerichte mit Mole-Saucen aus Oaxaca, der Heimat der politisch aktiven Inhaber. Dazu gibt es eine kleine Bibliothek und Spielsachen für Kinder. *308 Willis Av. | Tel. 1718-292-0235 | www.lamoradanyc.com | Subway: 3 Av.-138 St. 6 | Mott Haven/Bronx*

L&B SPUMONI GARDENS   [152 C5]

Weitab jeglicher abgetrampelter Touristenpfade liegt im tiefsten Brooklyn seit 1939 dieser wunderbare Biergarten. Ein Riesenstück Pizza gibt es hier für weniger als $ 3 und zum

Nachtisch ein Spumoni-Eis, alles in authentisch-einheimischer Brooklyn-Atmosphäre. *2725 86th St. | Tel. 1718-449-1230 | www.spumonigardens.com | Subway: Av. U, N, Q, W, Gravesend | Brooklyn*

MILON & PANNA II [133 E4]

Hier können Sie gut und billig indisch essen gehen, in interessanter Atmosphäre: Lichter hängen von der Decke, und alles glitzert voller Lametta – ein bisschen wie die psychedelische Variante von Weihnachten. Für weniger als $ 15 bekommen Sie ein ganzes Menü aus Vorspeise, Hauptgericht und Nachtisch. Eine Flasche Wein oder Bier können Sie vorher kaufen und mitbringen. Milon findet man links im Gebäude *(www.milonny.com)*, Panna II rechts *(www.panna2.com)*. *93 1st Av. | Tel. Milton: 1212-228-4896, Tel. Panna II: 1212-598-4610 | Subway: 1 Av., L | East Village/Manhattan*

Insider Tipp

NITEHAWK [134–135 C–D2]

Im Kino Nitehawk in Williamsburg kann man beim Filmgucken an kleinen Tischen Bier süffeln (ab $ 5) und Käse und Antipasti (ab $ 9) snacken. Der Sterne-Koch Saul Bolton bietet auch kleine Mahlzeiten (ab $ 9) an – und sogar der Preis für den Film ist mit $ 12 unter dem Durchschnitt. *136 Metropolitan Av., Wythe Av. | Tel. 1718-384-3980 | www.nitehawkcinema.com | Subway: Bedford Av., L | Williamsburg/Brooklyn*

NOM WAH TEA PARLOR [129 D2]

Ein Chinatown-Urgestein, betrieben heute vom Neffen des langjährigen Besitzers. Kleine Dim-Sum-Köstlichkeiten gibt es schon ab $ 3, dazu Tee ab $ 1. *13 Doyers St. | Tel. 1212-962-6047 | www.nomwah.com | Subway: Canal St. J, M, Z | Chinatown/Manhattan*

PAD THAI NOODLE LOUNGE [136 C5]

Ein perfekter Dreiklang: nette Bedienung, gutes Preis-Leistungs-Verhältnis, thailändische Küche. Das entzückende Restaurant hat nur knapp 20 Tische, ein hübsches aber nicht aufdringliches Design und eine wunderbare Beleuchtung. Man fühlt sich gleich richtig wohl. Die Kokosnuss-Hühnersuppe geht für $ 6 über den Tresen, die Pad-Thai-Nudeln für $ 12. *114 8th Av. | Tel. 1212-691-6226 | Subway: 14 St., A, C, E | Chelsea/Manhattan*

CLEVER!

> *New-York-Spezialitäten: günstig im Diner*

Zu den Dingen, die Sie unbedingt in New York probieren sollten, da sie nicht nur typisch für die Stadt, sondern auch sehr lecker sind, gehören ein paar legendäre kulinarische Klassiker. Wie wär's zum Beispiel mit einem Frühstück aus Toast, Eiern und *bacon* (Speck)? Das umfangreiche Morgenmahl wird oft mit Bratkartoffeln und Ketchup serviert und ist erstaunlich günstig *(ab $ 4.50)*. Alternativ bestellen Sie einen Bagel mit *cream cheese* (Frischkäse) – entweder pur, mit Marmelade oder geräuchertem Lachs *(lox)*. Die runden Brötchen mit Loch in der Mitte gibt es in zahlreichen Variationen wie Sesam, Mohn, Zwiebel, Vollkorn, Sechskorn und vieles mehr. Oder wie wäre es zum Lunch mit einer *Manhattan clam chowder* – einer Muschelsuppe mit Tomaten? Die Neuenglandversion ist weiß und mit Mehl statt Tomaten gekocht. Oder ein Sandwich mit Thunfischsalat. Der wird hier mit Sellerie und Mayonnaise, eventuell auch Kapern, zu einem köstlichen Aufstrich vermengt. Beliebt ist auch das *pastrami*, ein Sandwich mit eingelegtem Rindfleisch. Belegt wird immer sehr dick! Und meist fragt die Bedienung, welche Sorte Brot Sie haben möchten (z.B. *whole wheat toast* = Weizenvollkorntoast). Für Fleischliebhaber ist das *New York strip steak* – ein zartes Lendensteak vom Rind – zu empfehlen. Und als krönender Abschluss darf der Genuss eines *New York cheesecakes* nicht fehlen – ein ebenso köstlicher wie nahrhafter Käsekuchen. Dies alles ist günstig in einem *diner* zu genießen. Diese typisch amerikanischen Restaurants finden Sie in allen Teilen der Stadt, Lieblinge der *locals* sind zum Beispiel das Waverly Diner *(S. 64)*, das West Side Diner auf Manhattans Upper West Side, der Lexington Candy Shop auf der Upper East Side und das Alpha Donuts in Sunnyside/Queens.

Insider Tipp **PIES 'N' THIGHS** [131 D3]

Im trendigen Williamsburg gibt es ein gebratenes Hühnchen mit scharfer Soße, süßer Butter und einem Biskuitbrötchen – für nur $ 7.50. Die Küche der amerikanischen Südstaaten stand hier Pate: Paniertes Fleisch mit süßem Brot hat dort Tradition. Das ist sicher

> *www.marcopolo.de/newyork*

nicht kalorienarm, aber dafür saulecker. *166 South 4th St. | Tel. 1347-529-6090 | www.piesnthighs.com | Subway: Marcy Av., J, M, Z | Williamsburg/Brooklyn*

SMÖRGAS CHEF [137 F3]

Das Essen im Scandinavia House kann sich sehen lassen. Vier Heringsvarianten zum Brunch für nur $ 5 oder eine Pastinakensuppe zum Lunch für $ 10. Die heitere Atmosphäre, die freundliche Bedienung und das in hellen Farben eingerichtete Restaurant, in dem mittendrin eine große Birke steht, machen den Ausflug zum wirklichen Vergnügen. Stärken Sie sich hier nach einem Spaziergang entlang der Park Avenue *58 Park Av. | Tel. 1212-686-4230 | www.smorgas. com | Subway: Grand Central, 4, 5, 6, 7 | Midtown/Manhattan*

SRI SRI GOVINDA MANIR [152 C3]

Im Haupttempel der New Yorker Hare-Krishna-Anhänger wird 🐷 jeden Sonntagabend um 20 Uhr umsonst vegetarisches Essen serviert. Kein Wunder also, dass der Andrang groß ist – ein interessantes Erlebnis mit einer bunten Mischung von Menschen. *305 Schermerhorn St. | Tel. 1718-875-6217 | www.radhagovinda. net | Subway: Nevins St., 2, 3, 4, 5 | Downtown Brooklyn*

TUCK SHOP [133 E4]

Für schlappe $ 7 bekommen Sie in diesem kleinen, unaufgeregten Restaurant einen australischen *meat pie* (Fleischpastete). Ein Ire und ein Australier haben sich zusammengetan, um die Leckerbissen zu backen. Die *pies* stillen den Hunger und sind dazu wohlschmeckend, die Jungs hinter dem Tresen nett, und das Bier ist kalt. An einem von nur einer Handvoll Tischen können Sie sich niederlassen und beim Essen statt vom New Yorker Verkehrslärm von der stillen australischen Wüste träumen. *68 East 1st St. | Tel. 1212-979-5200 | www. tuckshopnyc.com | Subway: 2 Av., F | East Village/Manhattan*

VESELKA [133 E3]

24/7 nennen es die Amerikaner, wenn man zu jeder Tages- und Nachtzeit bedient wird. Diese New Yorker Institution hat immer geöffnet, um osteuropäisches *comfort food* zu fairen Preisen anzubieten. Vielleicht probieren Sie ukrainische *pierogi*, mit Käse gefüllte Teigtaschen *($ 7)*. Der Diner

Orientalisches Bazarerlebnis mitten in Brooklyn: bei Sahadi's

serviert aber auch allgemein bekannte Gerichte wie Burger, Bagel und Spiegeleier. Besonders in den frühen Morgenstunden, nach durchtanzter Nacht, treffen sich hier die hungrigen Partygänger. *144 2nd Av. | Tel. 1212-228-9682 | www.veselka.com | Subway: Astor Pl., 6 | East Village/Manhattan*

WAVERLY DINER   [132 C2]

Ein altmodischer *coffee shop* mit preiswertem Eier-Sandwiches (*$ 2.95*),

> **www.marcopolo.de/newyork**

günstigem Burger *($ 8,35)* und den typischen Plastiksitzen. Prima für alle Nachteulen: Hier bekommen Gäste rund um die Uhr etwas zu essen und trinken. Der Kaffee ist zwar dünn, aber es wird Ihnen so lange nachgeschenkt, bis Sie „Stopp" sagen. Amerikanischer geht's nicht. *385 6th Av. | Tel. 1212-675-3181 | www.waverlydiner.com | Subway: W 4 St., A, B, C, D, E, F, M | West Village/Manhattan*

SHOPS & MÄRKTE

In New Yorks Parks lässt es sich super picknicken. Viele Shops bieten leckeres und günstiges *food to go*.

ALPHABET CITY WINE COMPANY [133 F4]

Insider Tipp

In diesem wunderbar entspannten Laden können Sie sich donnerstags und freitags zwischen 18 und 20 Uhr durchprobieren. Machen Sie es sich in den großen Sesseln bequem und lassen Sie es sich gutgehen! *100 Av. C | Tel. 1212-505-9463 | www.abcwinecompany.com | Subway: 1 Av., L | East Village/Manhattan*

FARMERS MARKETS [133 E4]

Auch in einer Betonmetropole wie New York gibt es Bauernmärkte – und zwar Dutzende. Je nach Jahreszeit finden Sie dort die regionalen Erzeugnisse, von Obst und Gemüse über Honig und Marmelade bis zu Milch und Backwaren. Viele New Yorker nutzen die Märkte gerade am Wochenende auch zum Plaudern, bringen Kaffee und Zeitung mit, lassen ihre Messer schleifen oder entsorgen ihren Kompost. Alle Infos und Termine finden Sie unter *www.grownyc.org/greenmarket*.

SAHADI'S [152 C3]

Insider Tipp

Sie haben die Qual der Wahl: Entscheiden Sie sich zwischen 30 Olivensorten! Der arabische Lebensmittelladen in Brooklyn hat einen ausgezeichneten Ruf für gute und günstige Produkte. Käse, Brot, Süßwaren, auch kleine Geschenke – lassen Sie sich einpacken, was Ihnen gefällt. In diesem Markt herrscht oft großer Andrang, es wird deshalb manchmal eng und laut. Ein Erlebnis ist es allemal. *187 Atlantic Av. | Tel. 1718-624-4550 | www.sahadis.com | Subway: Borough Hall, 2, 3, 4, 5 | Brooklyn Heights/Brooklyn*

TRADER JOE'S

Die Filialen der Trader-Joe's-Läden sind so groß, dass Sie auf Rollerblades einkaufen gehen können. Die langen Regale bieten einiges – von gewürfelten Käsestücken und abgewogenen Nüssen über Biobananen und Artischockenherzen bis zu Saft und Keksen. Die Äpfel sind poliert, die Mohrrüben in Stückchen geschnitten. Die inzwischen zum Aldi-Konzern gehörende Kette bietet vergleichsweise günstiges Shopping zu guter Qualität – eine Mischung aus Discounter und Ökoladen. Achtung: Zur Rushhour und am Wochenende heißt es Schlange stehen! *Trader Joe's Chelsea | 675 6th Av. | Subway: 23 St., F, M | Chelsea/ Manhattan* [137 D5] *| Trader Joe's Union Square | 142 East 14th St. | Subway: 14 St. – Union Sq., L, N, Q, R, 4, 5, 6 | Union Square/Manhattan* [133 E2]

WHOLE FOODS UNION SQUARE [133 E2]

Das Café des riesigen Lebensmittelladens Whole Foods ermöglicht einen Ausblick über den einzigartigen Union Square: Spaziergänger, Marktstände unter bunten Schirmen, spielende Kinder oder Demonstranten, springende Skater und auf

Spenden hoffende Musiker. Der Laden bietet viele gesunde, vollwertige Produkte, oft gibt es Fertiggerichte, Früchte oder Getränke auch als 🐷 Probierhappen. Whole Foods ist insgesamt teurer als Trader Joe's, hat dafür aber das breitere Angebot. *4 Union Sq. | www.wholefoodsmarket.com | Subway: 14 St.-Union Sq., L, N, Q, R, 4, 5, 6 | Union Square/ Manhattan*

YONAH SCHIMMEL'S KNISHES   [133 E4]

In dieser kleinen Bäckerei, die es schon seit 1910 gibt, lebt das alte Bild der Lower East Side fort. Immigranten aus Osteuropa, viele von ihnen jüdischen Glaubens, prägten die Gegend mit ihrer Kultur und Religion. Die *knishes* sind ein Teil davon. Die frischen Teigbrötchen mit einer Füllung aus Kartoffeln, Fleisch oder anderen Zutaten sind ein beliebter Snack und kosten nur $ 4.25. Tradition trifft bei Yonah Schimmel's auf Experimentierlust: So werden auch feine neue Kreationen wie Jalapeno-Cheddar-Käse- oder Feta-Spinat-*knishes* angeboten. *137 East Houston | Tel. 1212-477-2858 | www. knishery.com | Subway: 2 Av. | Lower East Side/ Manhattan*

Yonah Schimmel's Knishes sind Kult

CHELSEA MARKET [136 B5]

Allein der Besuch dieses riesigen Marktes ist eine eigene New-York-Erfahrung. In dem historischen Gebäudeblock residierte von 1890 an die National Biscuit Company, erfunden und gebacken wurde hier der berühmte Oreo Cookie. Heute ist der Besuch dieses Gastro-Paradieses auch eine Zeitreise in die Ära der Industrialisierung: Die edlen Shops und Restaurants liegen zwischen rostigen Rohren, stillgelegten Leitungen und offenen Backsteinwänden. Und: So kostspielig, wie alles aussieht, ist es hier gar nicht. Bei The Lobster Place etwa gibt's teuren Hummer zu fairen Preisen *(jumbo spicy lobster roll $ 18.95)*, im Restaurant The Green Table kostet der organische GT Burger $ 17 – im Vergleich zu den sonstigen Preisen im Meatpacking District ein kulinarisches Schnäppchen. Außerdem werden regelmäßig Specials angeboten: Die Fat Witch Bakery verkauft ihre köstlichen Brownies zur *witching hour* für die Hälfte und nach 17 Uhr kostet alles Ausgepackte nur $ 1.50! *75 9th Av. | Subway: 14 St., A, C, E | Chelsea/Manhattan*

Insider Tipp

ENOTECA MARIA [152 B4]

Essen wie bei der Oma – und zwar wirklich! In diesem wunderbaren Restaurant in Laufentfernung von der Staten Island Ferry stehen keine ausgebildeten Köche hinter dem Herd, sondern Großmütter. Die Qualität der Gerichte erreicht absolutes Spitzenniveau, und die Atmosphäre ist edel. Eine nicht immer ganz günstige, aber köstliche kulinarische Weltreise! *27 Hyatt St. | Tel. 1718-447-2777 | www.enotecamaria.com | Staten Island Ferry | St. George/Staten Island*

NEW FULTON FISH MARKET [153 E1]

Insider Tipp

Nur selbst geangelt ist frischer! Auf dem zweitgrößten Fischmarkt der Welt gibt es eine riesige Auswahl an auch außergewöhnlichen Fischsorten von bester Qualität. Eigentlich wird hier nur an die Luxus-Restaurants der Stadt verkauft, aber jeder darf ab 1 Uhr morgens vorbeischauen und den freundlichen Händlern die edlen Meeresfrüchte zu Günstigpreisen abhandeln – und dann ist großes Schlemmen mit Hummer und Austern angesagt! *800 Food Center Dr. | Tel. 718-378-2356 | www.*

newfultonfishmarket.com | Bus Bx6, Hunts Point/Bronx

NOBU [128 B3]

Dieses schicke japanische Restaurant, das Hollywood-Star Robert De Niro mitgegründet hat, machte Sushi in New York salonfähig. Wie bei vielen anderen New Yorker Gourmetrestaurants wird das Essen beim Edeljapaner mittags deutlich günstiger serviert. Zwischen 11.30 und 17 Uhr bekommt man an der Bar ein Drei-Gänge-Menü für nur $ 35. *195 Broadway | Tel. 1212-219-0500 | www.noburestaurants.com/downtown | Subway: Fulton St. 4, 5 | Financial District/Manhattan*

ULYSSES [128 B4]

Wer von Austern gar nicht genug bekommen kann, ist im Ulysses richtig. Samstags zwischen 16 und 20 Uhr kostet jede Auster im Ulysses nur $ 1. Mittwochs gibt es ein halbes Dutzend Austern zusammen mit einem frisch gezapften Guinness für $ 12. Und am Montagabend gibt es in dem Irish Pub Hummer mit Maiskolben und Backkartoffel für $ 19.95. Im Sommer können Sie auch draußen sitzen. *95 Pearl St. | Tel. 1212-482-0400 | www.ulyssesnyc.com | Subway: Wall St., 2, 3 | Financial District/Manhattan*

UN DELEGATES DINING ROOM [138 B3]

Mit dem Dining Room der UN können Sie jemanden so richtig beeindrucken – allerdings sollten Sie Plätze für ein Essen in der Kantine reservieren. Für $ 39.99 steht Ihnen ein oplulentes Lunchbüfett zur Verfügung, allemal billiger als ein Essen in einem der eleganten Restaurants von Midtown. Umsonst gibt es dazu den großartigen Blick über den East River und die Chance, hin und wieder einem Promi über den Weg zu laufen. Vielleicht steht ja Bono von U2 auch vor der Salatbar? *Lunch von 11.30–14 Uhr | Visitors entrance (Besuchereingang): 1st Av. u. 46th St. | Reservierung einen Tag vorher, Tel. 1917-367-3314 | Jeans und Turnschuhe nicht erlaubt, Jacket für Männer, Ausweis mitbringen! | www.delegatesdiningroom-un.com | Subway: Grand Central-42 St., 4, 5, 6, 7, S | Midtown/Manhattan*

> **Luxus für lau, bezahlbare Träume und die Trends von übermorgen schon in der Tasche. So macht Sparen Spaß**

Im Einkaufsparadies New York lauert auf alle Shopper eine Gefahr: Kaufrausch! Die Tipps auf den folgende Seiten sollen dafür sorgen, dass das Reisebudget nicht in Schieflage gerät – auch wenn der Dollarkurs dem europäischen Besucher nicht mehr so gewogen ist wie in vergangenen Jahren. Zum Glück gibt gibt es auf Schritt und Tritt schlaue Sparangebote. Shoppen Sie also los, egal ob im Glitzerpalast, auf dem Flohmarkt, im Asialaden oder im Designgeschäft – für jeden Einkaufstyp sind passende Adressen dabei. Soll es eine Levi's sein oder ein Abendkleid, ein Fotoband oder ein-

fach nur eine Erinnerung an Ihren Großstadturlaub? Viele der Lieblingsstücke sind besonders günstig, dank der *sales*, die übers Jahr mit Ausverkaufspreisen locken. Aber aufgepasst: Die meisten Waren sind mit Nettopreisen ausgezeichnet – dazu müssen Sie noch die Umsatzsteuer des Staates New York von 8,875 Prozent dazurechnen. Erkundigen Sie sich bei Ihrer Airline über die aktuelle Freigepäckgrenze – schon mancher ist mit extra Koffern abgereist – und denken Sie daran, dass Ihre Einkäufe ab einem Wert von 430 Euro beim Zoll angemeldet werden müssen.

SHOPPEN

BEAUTY

KIEHL'S PHARMACY [133 E2]

Die altmodische Apotheke im East Village hat nicht nur Charme, sondern auch unzählige Shampoos, Cremes, Duschgels und andere duftende Artikel in ihren Regalen stehen. Alle Kosmetikartikel werden seit 1851 aus natürlichen Rohstoffen von Kiehl's selbst produziert. Die Fläschchen und Tuben sind nicht billig, aber 🐷 Probepackungen vergibt der Laden umsonst. *Flagship Store: 109 3rd Av. | Tel. 1212-677-3171 | Subway: 14 St.-Union Sq., L, N, Q, R, 4, 5, 6 | East Village/Manhattan*

SEPHORA [137 E1]

Wollen Sie sich ein wenig aufbrezeln, bevor Sie abends ausgehen? Dann holen Sie sich bei Sephora den passenden Glamour! Stellen Sie sich dort an eine Make-up-Station, probieren Sie aus, was Ihnen gefällt, und 🐷 lassen Sie sich kostenlos beraten. Eine der Filialen: *1500 Broadway | Tel. 1212-944-6789 | www.sephora.com | Subway: Time Sq.-42 St., N, Q, R, S, 1, 2, 3, 7 | Midtown/Manhattan*

BÜCHER

BARNES & NOBLE [133 D1]

Die größte Bücherladenwelt Nordamerikas heißt Barnes & Noble. Hier werden auch aktuelle Bestseller schon mit guten Preisnachlässen angeboten. Es gibt auch immer Tische mit Billigbüchern und -kalendern – meist im zweiten Stock der Union-Square-Filiale. Oder nehmen Sie sich

eine Zeitschrift mit ins Café im dritten Stock.  Alle lesen hier die Magazine, ohne sie zu kaufen. *33 East 17th St. | Tel. 1212-253-0810 | www.barnesandnoble.com | Subway: 14 St.-Union Sq., L, N, Q, R, 4, 5, 6 | Union Square/Manhattan*

THE BGSQD BOOK STORE [132 C1]

Ein netter, gut sortierter Buchladen vor allem für die LGBTQ-Community im West Village veranstaltet umsonst Lesungen, zeigt Filme und organisiert Workshops, dazu werden meist günstig Bier und Wein angeboten. *Di–So 13–19 Uhr (bei Veranstaltungen bis 21 Uhr) | The Community Center, 208 W 13th St. Room 210, 2. Stock | Tel. 1646-457-0859 | www.bgsqd.com | Subway: 14th St., 1, 2, 3 | West Village/Manhattan*

MOLASSES BOOKS [153 D3]

Dieser gemütliche Buchladen verkauft gebrauchte, gut erhaltene Bücher im coolen Bushwick. Man kann auch sein gelesenes Buch gegen ein anderes tauschen! Während der Happy Hour (18–20 Uhr) gibt es günstig Bier und Wein – Ankündigungen für Veranstaltungen (DJ-Nights, Lesungen und Vorträge) finden sich auf der Facebookseite. *770 Hart St. | Tel. 1347-715-5035 | www.facebook.com/MolassesBooks/ | Subway: Knickerbocker Av., M | Bushwick/Brooklyn*

STRAND BOOK STORE [133 D2]

Günstige Lektüre ohne Ende: ein Paradies für Bücherwürmer und Kunstbuchliebhaber. Neue und gebrauchte Bände drängen sich dicht an dicht im riesigen Laden am Broadway. Unter den „18 miles of books" finden sich Taschenbücher von den Bestsellerlisten ebenso wie rare Sonderausgaben und historische Schinken. Am Wochenende gibt es für Kinder  kostenlose *story time* – Mitarbeiter des Buchladens lesen eine Stunde lang Bücher vor und verteilen Malsachen. *828 Broadway | Tel. 1212-473-1452 | www.strandbooks.com | Subway: 14 St.- Union Sq., L, N, Q, R, 4, 5, 6, | Union Square/Manhattan*

FLOHMÄRKTE & ANDERES

99-CENT-STORES [137 F1]

Die Paläste des günstigen Einkaufs sind die 99-Cent-Stores Manhattans. Oft sehen sie wie Ramschläden aus, aber man findet Schätze und skurrile Accesoires wie Seidenblumen, Lenkradbespannungen mit Leopardenmuster oder Hochzeitskuchenverzierungen. Eine geballte Ladung an Kitschigem und Lustigem, die erheitert, auch wenn sie kein Mensch braucht – fast wähnt man sich zu Besuch in der quietschbunten Welt von Las Vegas. *Jack's 99 Cent Store | 223 W 40th St. | www.jacksnyc.com |Tel. 1212-268-9962 | Subway: Times Sq.-42 St., N, Q, R, S, W, 1, 2, 3, 7; 99c Dreams: 2 West 46th St. | Tel. 1212-840-1995 | Subway: 47-50 St., B, D, F, M | beide Midtown/ Manhattan*

BROOKLYN FLEA

Schon mehrfach hat dieser sehr beliebte Flohmarkt seinen Standort gewechselt. Neuerdings kann man sich samstags ganzjährig in Industry City durch Klamotten, Schmuck, Möbel und Souvenirs wühlen und im Sommer sonntags auch noch in DUMBO. Das *people watching* ist hier mindestens genauso gut wie das Shopping. *Sa 10–17 Uhr | 241 37th St. Brooklyn | Subway: 36 St, D, N, R | Industry City/Brooklyn* **[152 C4]***; So im Sommer 10–17 Uhr | 80 Pearl St. | Subway: York St. F | DUMBO/ Brooklyn* **[129 E5]** *| www.brooklyn flea.com*

CLEVER!

> *Tipps zum Einkaufen*

Ungewohnt für Europäer: Die Umsatzsteuer von 8,875 Prozent des Staates New York wird auf den Verkaufspreis noch aufgeschlagen, da die Preisschilder in den Läden Nettopreise ausweisen. Das vergisst man leicht und bekommt an der Kasse einen Schreck, wenn man hört, was tatsächlich zu bezahlen ist. Toll sind die langen Öffnungszeiten: Fast alle Kaufhäuser, Boutiquen, Schuhläden und Lebensmittelgeschäfte sind sieben Tage die Woche geöffnet. Oft können Sie bis abends um 20 Uhr einkaufen – sonntags manchmal etwas kürzer. Die kleineren Boutiquen im West und East Village öffnen morgens dafür erst spät ihren Laden. Rechnen Sie damit, dass die Verkäufer erst kurz vor Mittag ihre Türen aufschließen.

CANAL STREET [129 D1]

Die Canal Street an der Grenze zu Chinatown mit ihren günstigen Uhren, Sonnenbrillen, Parfums und anderen Billigaccessoires ist ein Muss für Schnäppchenjäger. Die Dumpingpreise sind unschlagbar, nur das Gewühl wird manchmal ein bisschen anstrengend. Versuchen Sie aber trotzdem zu handeln: Oft lassen sich die Verkäufer darauf ein. Die vielen kleinen Läden und Stände sehen Sie besonders zahlreich im mittleren Teil der Straße, die von Westen nach Osten einmal quer durch Manhattan führt. Achtung: Kaufen Sie keine Plagiate bekannter Marken, sonst gibt's Ärger beim Zoll. *Canal St. zw. Centre St. u. Church St. | Subway: Canal St., A, C, E, N, Q, R | Chinatown/Manhattan*

EVOLUTION NATURE STORE [132 C4]

Exotischer geht's nimmer: Der coolste Laden in Greenwich Village ist vollgestopft mit Fossilien, Mine-

Schnäppchenjäger aufgepasst: Auf der Canal Street kann man zuschlagen

ralien, Muscheln, anatomischen Modellen, gerahmten Schmetterlingen und Insekten. Wer hier stöbert und schaut, bekommt spannende Einblicke in die Wunder der Evolution. *687 Broadway | Tel. 1212-343-1114 | www.theevolutionstore.com | Subway: Broadway-Lafayette St., B, D, F, M | Greenwich Village/Manhattan*

FLIGHT 001 [132 C1]

Hier finden sich Reiseutensilien – stylisch und originell, manches im Design der 1950er-Jahre. Der Retrolook hat Witz und sieht richtig gut aus. Kleinigkeiten unter $ 10 eignen sich als Mitbringsel. Neben dieser in Manhattan gibt es noch eine Filiale in Brooklyn. *96 Greenwich Av. | Tel. 1212-989-0001 | www.flight001.com | Subway: 14 St., 1, 2, 3 | Greenwich Village/Manhattan*

GRAND BAZAAR NYC [145 D5]

Auf dem größten wöchentlichen Flohmarkt der Stadt kann man mit gutem Gewissen ausgiebig shoppen, denn alle Einnahmen gehen an die öffentlichen Schulen der Nachbarschaft. Die Verpflegung bekommen Sie vom *farmers' market* nebenan. *Sonntags 10–17.30 Uhr |*

100 West 77th St. | www.grandbazaarnyc.org/ | Subway: 81st St, B, C | Upper West Side/Manhattan

STOOP SALES [152 C3] *Insider Tipp*

New Yorker Wohnungen sind nun einmal klein. Daher müssen die Bewohner regelmäßig ihre Sachen durchgehen und sich von vielen Dingen trennen, die irgendwann angeschafft und jetzt kaum mehr benutzt wurden. Besonders in Brooklyn (Brooklyn Heights, Carroll Gardens, Park Slope) finden jedes Wochenende auf den Außentreppen vieler Häuser die sogenannten *stoop sales* statt. Haushaltswaren, Spielzeug, Bücher, CDs und Kleidungsstücke werden dabei günstig an die vorbeikommenden Passanten verscherbelt. Und dazu klönt man beim Stöbern oft mit den Vorbesitzern und lernt so ein paar New Yorker im Verkaufsgespräch kennen. *Subway: Clark St., 2, 3 | Bergen St., F, G | 7 Av., F | Brooklyn Heights/Caroll Gardens/Park Slope/Brooklyn*

GESCHENKE

BEADS OF PARADISE [133 D1]

Buddhas in Gelb, Grün und Rot lächeln Sie milde an, Glasvitrinen

strotzen vor Schmuck, daneben hängen Seidenschals und kleine indische Bilder. Wer sich Zeit lässt, wird zwischen vielen nicht ganz so billigen Dingen jede Menge günstige Kleinigkeiten finden. Eine Gebetsflagge aus Thailand beispielsweise für gerade mal $ 1, oder ein Seidentäschchen für $ 4. Im hinteren Teil des Ladens gibt es Perlen satt für kreative Käufer. Gestalten Sie sich doch einfach Ihren New-York-Schmuck selbst! Die Auswahl an Perlen im bunten Multikultiladen ist überwältigend und richtig gut, einzelne gibt es schon ab 20 Cent. *16 East 17th St. | Tel. 1212-620-0642 | www.beadsofparadise nyc.com | Subway: 14 St.-Union Sq., L, N, Q, R, 4, 5, 6 | Union Square/Manhattan*

CITYSTORE [128 C2]

Socken mit U-Bahn-Muster, Feuerwehrkalender, Spielzeugtaxis und Knöllchen als Magneten: Alles, was New-York-Fans sich jemals wünschen könnten, verkauft die Stadt New York selbst in einem eigenen Laden. Vieles kostet weniger als $ 10. *1 Centre St. | Tel. 1212-386-0007 | a856-citystore.nyc.gov | Subway:*

Brooklyn Bridge, 4, 5, 6, J, M | Chinatown/Manhattan

FISH'S EDDY [137 E5]

Manhattans Skyline und die Brooklyn Bridge für zuhause: Der legendäre Fish's Eddy führt Tassen, Teller, Servietten und Co. mit New-York-Motiven zu absolut fairen Preisen. Gut geeignet sind die Souvenirs als Mitbringsel oder für die eigene Küche als Erinnerung an die Zeit im Big Apple. Auch Einheimische kaufen hier ihr Retrogeschirr oder ein charmantes Restaurantgedeck. Tassen und Becher sind schon ab 99 Cent zu haben. *889 Broadway | Tel. 1212-420-9020 | www.fishseddy.com | Subway: 23 St., N, R | Flatiron District/Manhattan*

MOMA DESIGN STORE [141 E5] Insider Tipp

Fast jedes Museum hat inzwischen einen eigenen Laden, aber der Design Store des Museum of Modern Art (MoMA) ist eine eigene Welt – und so beliebt, dass gleich noch ein zweiter in SoHo eröffnet wurde. Zwischen teuren Design-Produkten finden sich auch viele günstige Mitbringsel. *11 West 53 St. im Museum und auf der anderen Straßenseite gegenüber | Tel: 1212-708-9700 |*

Subway 5 Av. 53 St., E, M | Midtown/
Manhattan [141 E–F5]; 81 Spring St. |
Tel. 1800-793-3167 | Subway: Spring
St., 6 | SoHo/Manhattan [132 C4] |
www.store.moma.org

Insider Tipp

PEARL RIVER MART [132 C5]

Im ultimativen Geschenkeladen auf
dem Broadway gibt es haufenweise
Billiges, Buntes und Einfallsreiches
aus Asien. Ob für Kinder oder Er-
wachsene, für Oma, Opa oder die
Blumen gießende Nachbarin – hier
finden Sie hübsche kleine Dinge, die
bezahlbar sind. Vieles unter $ 5. 395
Broadway | Subway: Canal St., N, Q,
R, W | Tel. 1212-431-4770 | www.
pearlriver.com | SoHo/ Manhattan

KINDER

MARY ARNOLD TOYS [142 C2]

Der älteste Spielwarenladen der
USA musste zwar vor kurzem wegen einer Mieterhöhung umziehen,
ist aber nach wie vor ein Kinderpa-
radies. Von Puppen bis Anziehsa-
chen, von Baby bis Teenager – für
jedes Budget gibt es hier Passen-
des. 178 Lexington Av. | Tel. 1212-
744-8510 | www.maryarnoldtoys.
com | Subway: 77th St., 6 | Upper
East Side/Manhattan

NINTENDO WORLD [138 A1]

Eine US-Spielekonsole von Nintendo
zu kaufen, lohnt nicht: Es gibt jede
Menge technische Hürden, und mit
dem Einfuhrzoll spart man fast nichts
mehr. Trotzdem lohnt es sich, in diesem Wunderland der Videospiele vor-
beizuschauen. Auf zwei Stockwerken
können Sie 🐷 alles ausprobieren –
ob feststehende Wii-Konsole oder
mobiler Game Boy. 50 interaktive
Stationen für beste digitale Unterhal-
tung. 10 Rockefeller Plaza | Tel. 1646-
459-0800 | www.nintendonyc.com |
Subway: Times Sq.-42 St., N, Q, R, S,
1, 2, 3, 7 | Midtown/Manhattan

KLEIDUNG

BLOOMINGDALE'S OUTLET [141 E1]

Das Kaufhaus Bloomingdale's auf
der noblen Upper East Side ist schick
– und sehr teuer. Glücklicherweise
gibt es aber auf der ein kleines biss-
chen weniger noblen Upper West
Side einen Outlet-Store, wo die nicht
mehr ganz so neuen Sachen zu deutlich günstigeren Preisen verkauft
werden. 2085 Broadway | Tel. 1212-
634-3190 | https://locations.bloo-
mingdales.com/upper-west-side-out-
let | Subway: 72nd St., 1, 2, 3 | Upper
West Side/Manhattan

CLOTHINGLINE

[137 D2]

J. Crew, Furla, Jacardi, Diesel, Converse, Smith's: Die Homepage des Ladens, der seit mehr als 20 Jahren Markenkleidung zu um mehr als die Hälfte reduzierten Preisen verkauft, kündigt an, welche Labels in den nächsten Wochen im Angebot sein werden. Das Angebot wechselt an 40 Wochen im Jahr. *261 West 36th St. | www.clothing line.com | Subway: 34 St.-Penn Station, A, C, E | Garment/Manhattan*

HOUSING WORKS THRIFT STORE

[137 D5]

Exzellente Secondhandläden mit Kleidung sowie Büchern, Haushaltsgegenständen und Möbeln betreibt Housing Works. Die Organisation sammelt Geld für obdachlose HIV-positive Männer, Frauen und Kinder. Und erhält zu dem Zweck Vintagekleidung und gut erhaltene Klamotten von New Yorkern, die die gute Sache unterstützen wollen. Ein Besuch lohnt sich unbedingt. Es gibt zahlreiche Filialen in Manhattan und Brooklyn. *www.housingworks.org*

SAMPLE SALES

Heruntergesetzte Designermode, Sonderverkäufe von Musterstücken und andere Discountereignisse finden Sie angekündigt im Stadtmagazin „Time Out" und auf den Websites *www.topbutton.com* und *www. thestylishcity.com.* Diese Verkäufe von Lagerüberschüssen finden an unterschiedlichen Orten statt.

VINTAGE THRIFT SHOP

[133 F1]

Ein wunderbarer kleiner Secondhandladen, dessen Einkünfte einer jüdischen Wohlfahrtsorganisation zu Gute kommen. Die schönsten Sachen werden im Schaufenster ausgestellt und versteigert. *286 Third Av. | Tel. 1212-871-0777 | www.vintage thriftshop.org | Subway: 23 St., 6 | Gramercy/Manhattan*

KULINARISCHES

DUAL SPECIALTY

[133 E4]

Ein paar Stufen geht es hinunter in diesen wunderbaren indischen Tee-, Bier- und Gewürzladen. In der Nachbarschaft liegen viele indische Restaurants, was zur breiten Auswahl an Gewürzen passt. Von Kardamonsamen *($ 3.95)* über diverse Currysorten bis zur Tüte mit Gelbwurz *($ 3.95)* kann alles in unterschiedlichen Mengen abgepackt gekauft werden. Getrocknete Gojibeeren aus dem Himalaja sowie Teesorten aus aller Welt ergänzen die Gewürzberge. Die 400 Sorten Bier fallen da etwas aus dem Rahmen. Dazu schmeckt aber wiederum der „Kashmir Mix" – eine Tüte mit Snacks für nur $ 3.75. Lassen Sie den Duft der Gewürze auf sich wirken. *91 1st Av. | Tel. 1212-979-6045 | www.dualspecialtystorenyc.com | Subway: 2 Av., F | East Village/Manhattan*

ECONOMY CANDY [133 E5]

Gestreifte Lollis, Karamellbonbons, saure Drops, Gummibärchen, Schokomandeln und, und, und! Der Familienbetrieb lockt mit traditionellen Süßigkeiten, hippen Bonbonkreationen sowie mit zuckerlosen Süßwaren für kalorienbewusste Esser. Faire Preise und die fast hundertjährige Historie des Ladens ziehen Süßigkeitenfans aus dem ganzen Land an. *108*

Kulinarischer Indientrip: exotische Gewürze, Tees, Biersorten und Snacks im Dual Specialty

Rivington St. | Tel. 1212-254-1531 | www.economycandy.com | Subway: Delancy St., F | Lower East Side/ Manhattan

GOOD BEER [133 F3/4]

Hier gibt es Bier aus Deutschland, Belgien, England oder diversen Teilen der USA. Mehr als 400 Sorten bietet der Laden dem durstigen Besucher zur Auswahl. Originell: die Bar des Good-Beer-Stores, an der Sie zwölf unterschiedliche Biersorten probieren können – frisch gezapft. Sie können vier kleine Biere für $ 9 testen. Gezapftes Bier gibt es ab $ 6, Dosen und Flaschen können Sie ab $ 1,49 kaufen. *422 East 9th St. | Tel. 1212-677-4836 | www.goodbeernyc.com | Subway: 1 Av., L | East Village/Manhattan*

SUNRISE MART [133 E3]

Gleich neben der 9. Straße liegt der Eingang zum Fahrstuhl von Sunrise Mart. Und im ersten Stock finden Sie New Yorks besten japanischen Supermarkt. Viele der teils geheimnisvollen Waren eignen sich hervorragend als exotische Geschenke *(ab $ 1.95)* und Souvenirs. Auch wenn man sich als nicht Japanisch sprechender Mensch nicht immer sicher sein kann, was man da gerade gekauft hat – einen Versuch ist es wert! Als Appetithäppchen gibt's eine vorbereitete Sushirolle mit Thunfisch für nur $ 4. *4 Stuyvesant St. | Tel. 1212-598-3040 | www.sunrisemart-ny.com | Subway: Astor Pl., 6 | East Village/ Manhattan*

SCHUHE

DESIGNER SHOW WAREHOUSE [133 E2]

Gute Schuhe zum kleinen Preis? Dieser etwas versteckt liegende, aber dafür riesige Laden am Union Square bietet mehr Frauen- und Männerschuhe, als man im Leben tragen kann. Die langen Reihen von Schuhen, unter denen sich die Kartons mit den gängigen Größen befinden, verbreiten zwar nicht gerade Shoppingromantik, dafür geht es hier deutlich ruhiger zu als in anderen Discountern, weil nicht ganz so viele Menschen den Weg in den dritten Stock finden. *40 East 14th St., 5th Av., 3. Stock | Tel. 1212-674-2146 | www.dsw.com | Subway: 14 St.-Union Sq., L, N, Q, R, 4, 5, 6 | Union Square/Manhattan*

FLIGHT CLUB [133 D2]

Sneakers zu kaufen, ist für viele New Yorker ein eigener Sport geworden. Um als Erster an ein neues Modell zu kommen, steht man im Big Apple auch schon mal eine Nacht lang an – oder folgt in Scharen Geheimtipps zu Pop-up-Stores. Richtig gute Sneakers für Normalo-Shopper gibt es bei Flight Club, einem der wenigen Läden, die sich bereits vor über einem Jahrzehnt darauf spezialisiert haben. Superseltene Modelle in Glaskästen für astronomische Preise oder schicke Modelle für den Alltag zum kleinen Preis – wer hier lange genug sucht, findet das richtige Paar. *812 Broadway | Tel. 1888-937-8020 | www.flightclub.com | Subway: Union Square, 4, 5, 6, L, N, Q, R, W | Union Square/Manhattan*

TECHNIK & FOTOGRAFIE

APPLE STORE [141 F4]

Der Laden, der niemals schläft: Apple steht auf der Liste vieler New-York-Besucher sowieso schon ganz weit oben. Hier können Sie die neuesten Technikprodukte des kalifornischen Unternehmens anschauen und ausprobieren, darunter auch immer mal wieder einige, die in Deutschland noch nicht auf dem Markt sind. Wirkliche Schnäppchen sind nicht drin, aber ein bisschen sparen können Sie beim Kauf schon, denn meist zahlen Sie in Dollar den Preis, den Sie in Deutschland in Euro zahlen würden. Aber der Store bietet noch mehr: 🐷 Kostenlose Kurse zu verschiedensten Themen rund um Computer und Handy und – falls Sie es mal brauchen sollten – einen angenehmen, sicheren Ort zum Arbeiten oder Mails checken rund um die Uhr. Für viele New Yorker ist der Apple Store eine Art zweites Büro, auch um 4 Uhr nachts ist dort oft noch etwas los. *767 5th Av. | 1212-336-1440 | www.apple.com/retail/fifthavenue/ | Subway: 5 Av., N, R, W | Midtown/Manhattan*

B&H PHOTO VIDEO [137 D2]

Von der Einmalkamera bis zur hollywoodreifen Filmausrüstung: B&H hat die größte Auswahl für alles, was mit Bildern zu tun hat – und ist meist billiger als in Deutschland. Vergleichen Sie die Preise, denken Sie aber an die Zollfreigrenze von 430 Euro und daran, dass die Spannung des deutschen Stromnetzes 220 und die des amerikanischen 110 Volt beträgt. *Sa geschl. | 420 9th Av. | Tel. 1212-615-8820 | www.bhphotovideo.com | Subway: 34 St., A, C, E | Midtown/Manhattan*

CENTURY 21 [140 A3]

Das Kaufhaus Century 21 gehört schon lange nicht mehr zu den Geheimtipps. In den 90ern durchstöberte hier schon Carrie aus „Sex & the City" die Designerkleidchen an den Ständern, während sie mit Mr. Big auf dem Golfplatz telefonierte. Trotzdem ist der riesige Laden einen Besuch wert, ist er doch vollgepackt mit Discountmode von Designern aus Europa und Amerika für Damen, Herren und Kinder: Kleidung, Schuhe, Handtaschen, Sonnenbrillen, Sportmode, Kosmetik und Accessoires – teure Stücke zu zum Teil sagenhaft günstigen Preisen (bis zu 75 Prozent herabgesetzt). Es kann voll werden – und man braucht einen langen Atem für das schier endlose Angebot. Also: Ärmel hochkrempeln und einen Pradamantel ergattern! *22 Cortlandt St. | Subway: Fulton Str. 2, 3; World Trade Center, E | Financial District/Manhattan | weitere Filialen unter http://locations.c21stores.com*

CORRIDOR [129 D1]

Unangestrengt-lässige lokale Mode bietet das Label Corridor, das, gestartet von einem Männermode-Designer im East Village, inzwischen zu einer eigenen Modemarke auch für Frauen gewachsen ist. Die Mode des kleinen, feinen Stores in SoHo lässt einen für jede Angelegenheit elegant aussehen und übertreibt es nicht mit den Preisen wie so viele andere in der Gegend. *209 Mott St. | www.corridornyc.com | Subway: Spring St., 6 | SoHo/Manhattan*

POWERHOUSE ARENA [129 E5]

Eine feine Adresse für interessante Bücher ist Powerhouse in Brooklyn. Der Shop gehört zum Verlag gleichen Namens, der von einem deutsch-amerikanischen Paar geführt wird. Viele Bücher werden in diesem lichtdurchfluteten Geschäft stark reduziert angeboten. Stöbern lohnt sich! Andere Highlights des Ladens sind die 🐷 kostenlosen Hip-Hop-Partys, Lesungen, Fotoausstellungen und anderen regelmäßigen Events. Und: Ein kleiner Ausflug in den Stadtteil DUMBO in Brooklyn lohnt sich immer! *28 Adams St. | Tel. 1718-666-3049 | www.powerhousearena.com | Subway: York St., F | DUMBO/Brooklyn*

LUXUS LOW BUDGET

STORY [145 D4]

Etwa alle sechs Wochen erfindet sich dieser Laden komplett neu. Das Angebot ist immer rund um ein Thema organisiert, Liebe beispielsweise oder Essen. Dazu gibt es 🐷 umsonst Veranstaltungen wie Lesungen. Immer wieder neu ein großer Spaß! *144 10th Av. | Tel. 1212-242-4853 | www.thisisstory.com | Subway: 23 St., A, C, E | Chelsea/Manhattan*

TIFFANY & CO. [141 F5]

Wer hier, beim berühmten New Yorker Juwelier, shoppen geht, braucht eine dicke Brieftasche. Es sei denn, Sie fahren ==direkt in den dritten Stock – da gibt's nämlich erschwingliche Geschenke für unter $ 100:== silberne Ohrringe, Kristallherzen, edle kleine Geldbeutel mit Tiffany-Schriftzug, Parfum, Vasen oder Kerzenständer. Im vierten Stock kann man seit kurzem wirklich frühstücken – in Anlehnung an den Filmklassiker „Frühstück bei Tiffany". Mit $ 29 ist das zwar auch nicht wirklich günstig, aber im Vergleich zu allem drumherum ein Schnäppchen! *727 Fifth Av. | www.tiffany.com | Subway: 57 St., B, C | Midtown/Manhattan*

Insider Tipp

TOPSHOP/TOPMAN [137 F1]

Dieser gigantische Laden an der Fifth Avenue konkurriert nicht mit den Preisen von H&M. Aber im britischen Import für Damen- und Herrenmode, Taschen, Schmuck und Schuhe finden sich trendige, exklusive Sachen, die durchaus bezahlbar sind. Und wenn etwas nicht perfekt passt, hilft eine Maßschneiderei im Haus weiter. Die Website kündigt zudem an, wann die neuen Sales veranstaltet werden. *608 Fifth Av. | Tel. 1212-757-8240 | www.topshop.com | Subway: 47–50 St.-Rockefeller Center, B, D, F, M | Midtown/Manhattan*

WOODBURY COMMON PREMIUM OUTLET [0]

Möchten Sie günstig Mode von Prada, Miu Miu und Marc Jacobs erwerben? Im Outletcenter Woodbury Common außerhalb von New York finden Sie mehr als 200 Läden, die diese und viele andere teure Marken günstig anbieten. Es lohnt sich! *www.premiumoutlets. com | Bus der Short Line ab Port Authority | Fahrpreis inkl. Discountgutscheine $ 42*

> Von Comedy bis Karaoke: In der Stadt des Glamours ist jeder ein Star

Vom versteckten Speakeasy im Keller eines Wohnhauses bis zum gigantischen Open-Air-Konzert im nächtlich erleuchteten Central Park – die Stadt, die niemals schläft, hat ein einzigartiges Nachtleben. Zwischen Warehouse-Raves, Rooftop-Pool-Parties, Musicals und Konzerten von Weltstars fällt die Entscheidung jeden Abend aufs Neue schwer. Wo soll man anfangen? Und was kann man sich leisten? Spürbar günstiger wird das Nachtprogramm, wenn man den East River überquert und in Brooklyn oder Queens die Nacht durchstreift. Aber auch in Manhattan gibt es erstaunlich viele Spots, die nicht die Welt kosten – zum Beispiel auf der Lower East Side oder im East Village. Trinken Sie hier ein günstiges *ale* in McSorley's Old Ale House, einer der ältesten Bars der Stadt, deren Boden mit Sägespänen bedeckt ist. Tanzen Sie die Nacht durch in der Bar 13, ohne viel Geld auszugeben. Oder probieren Sie schräge Adressen wie den Blind Barber: Hier ist der Drink an der Bar im Preis eines – sehr günstigen! – Haarschnitts enthalten. Da sich das Nachtleben genau wie die Stadt selbst in ständiger Veränderung befindet, lohnt auch immer ein Blick in die „Time Out" oder das „New York Magazine", um die neuen und angesagten Läden zu finden.

NACHT LEBEN

BARS & KNEIPEN

BEAUTY BAR [133 E3]

Gibt es etwas Schöneres, als sich mit einem Martini in der rechten Hand die Fingernägel der linken professionell lackieren zu lassen? Und dann umgekehrt? Für nur $ 10? Wenn Sie das auch so sehen, dann auf geht's in diesen zur Bar umfunktionierten Schönheitssalon. *231 E. 14th St. | Tel. 1212-539-1389 | www.thebeautybar.com | Subway: Third Av. L | East Village/Manhattan*

BRAZEN HEAD [152 C3]

insider Tipp

Die angenehme Kneipe mit Garten in Brooklyn serviert 🐷 montags gebratene *chicken wings* zum Drink umsonst dazu. Mittwochs erhalten alle Frauen die Getränke den ganzen Abend zum reduzierten Happy-Hour-Preis. Und sonntags gibt's bereits zum Fühstück die legendären *bloodies* (Bloody Marys) für je $ 6 und einen 🐷 Bagel mit *cream cheese* umsonst dazu. *228 Atlantic Av. | Tel. 1718-488-0430 | www.brazenheadbrooklyn.com | Subway: Borough Hall, 2, 3, 4, 5 | Cobble Hill/Brooklyn*

FLOYD [152 C3]

In dieser einfachen, altmodischen Bar in Brooklyn spielt man auf einer Bahn 🐷 kostenlos Boccia. Versuchen Sie Ihr Glück mit den Kugeln, und essen Sie dazu einen *Kentucky beercheese* (Bierkäse) – eine orginelle Mischung aus Bier, Käse und

Gemütliches Mobiliar und Gratis-Bocciabahn: Im Floyd schieben Gäste eine ruhige Kugel

Gewürzen. *131 Atlantic Av. | Tel. 1718-858-5810 | www.floydny.com | Subway: Borough Hall, 2, 3, 4, 5 | Cobble Hill/Brooklyn*

Insider Tipp **HENRY PUBLIC** [152 C3]

Der ehemalige TV-Reparaturshop hat sich zu einem einladenden Pub gemausert. Die gemütliche Einrichtung – Holzbänke, verschnörkelte Bar, alte Bücher und Siphons – versetzt einen in ein anderes Jahrhundert. Milchprodukte, Eier und Fleisch kommen vom Biobauern, da ist es schon erstaunlich, dass das gegrillte Eier-Sandwich vergleichsweise günstige $ 10 kostet. Neben den Leckereien werden originelle Cocktails mit Namen wie „Oddfellow" oder „Sweet Liberty Smash" *($ 13)* serviert – als geschmacksintensive Begleiter für eine kleine Reise in die Vergangenheit. *329 Henry St. | Tel. 1718-852-8630 | www.henrypublic.com | Subway: Borough Hall, 2, 3, 4, 5 | Cobble Hill/Brooklyn*

HOLLAND BAR [137 D1]

Laute Musik, günstiges Bier, schräge Leute: In New York nennt man einen Laden wie die Holland Bar eine *dive bar* – und es gibt keine bessere Voraussetzung für einen lustigen Abend! *532 9th Av. | Tel. 1212-502-4609 | Subway: 42 St.-Port Authority, A, C, E | Hell's Kitchen/Manhattan*

JIMMY'S CORNER [137 F2]

Eine gute Bar mit bezahlbaren Drinks in der Nähe des Times Square zu finden, ist eine Herausforderung – aber Jimmy's ein ums andere Mal die Rettung! Das Leben des boxenden Besitzers, der auch schon mal Muhammad Ali trainiert hat, lässt sich über die Fotos an den Wänden nachverfolgen, und am Tresen gibt es günstiges Bier. *140 West 44th St.| Tel. 1212-221-9510 | www.facebook.com/jimmyscornernyc | Subway: Times Sq. – 42nd St., 1, 2, 3, 7, N, Q, R, S | Midtown/Manhattan*

LOCAL 138 [129 E1]

Während der Happy Hour kostet hier ein Pint Bier (ein knapper halber Liter) gerade einmal $ 4. Weiteres Sparplus: Die „glückliche Stunde" dauert in dieser Bar von 16 bis 21 Uhr, also mindestens eine Stunde länger als in vielen anderen Lokalitäten. Setzen Sie sich mit Ihrem Drink im kleinen Separee ans Fenster und genießen Sie das Straßenleben der Lower East Side. *138 Ludlow St. | Tel. 1212-477-0280 | Subway: Delancey St., F | Lower East Side/Manhattan*

MCSORLEY'S OLD ALE HOUSE [133 E3]

Dies ist eine der ältesten Bars in New York, und man sieht es der Kneipe mit ihrem Boden voller Sägespäne an – im besten Sinne. Erst 1970 erlaubten die Betreiber auch Frauen den Zutritt. Ein Original, das gerne von Touristen besucht wird – aber trotzdem günstiges Bier bietet: Zwei Glas *ale* kosten $ 5, jedes ist ein *half pint*, was einem knappen Viertelliter entspricht. Beim Bestellen kann man nur zwischen *light or dark beer* (hellem oder dunklem Bier) auswählen. *15 East 7th St., 3rd Av. | Tel. 1212-473-9148 | https://mcsorley soldalehouse.nyc/ | Subway: Astor Pl., 6 | East Village/Manhattan*

NORTHERN TERRITORRY [135 D4]

Nicht nur Manhattan serviert Drinks auf coolen Rooftop-Bars, auch Brooklyn bietet den Blick über die Dächer. An den Picknicktischen von Northern Territorry in Greenpoint kostet ein Cocktail $ 12 – ein paar Dollar weniger als auf der anderen Seite des Flusses. Und geldbeutelschonende Snacks gibt es auch. *12 Franklin St. | Tel. 1347-689-4065 | www.northernterritorybk.com | Subway: Nassau Av., G | Greenpoint/Brooklyn*

NOWHERE BAR [133 F3]

Die Macher dieser LGBTQ-Bar im East Village haben sich bei der Inneneinrichtung vom 19. Jh. inspirieren lassen. Für den authentischen Look wurden Backsteinwände freigelegt und eine langgezogene Bar aus dunklem Holz sowie ein Billiardtisch aufgestellt. Jeden Abend gibt es wechselnde Sonderangebote. *322 East 14th St. | Tel. 1212-477-4744 | www.nowherebarnyc.com | Subway: 1 Av., L | East Village/Manhattan*

ROYAL PALMS SHUFFLEBOARD CLUB [152 C4]

Shuffleboard – eine Art Curling, nur ohne Eis – wurde eigentlich nur noch auf Kreuzfahrtschiffen und von Rentnern in Florida gespielt, bis zwei Brooklyn-Hipster es wiederbelebten. Architektur und Design des Ladens lassen jeden Instagram-Feed erstrahlen. Für $ 40 kann man sich als Gruppe eine Stunde lang einen Platz teilen, die Drinks kosten um die $ 10. *514 Union St. | Tel. 1347-223-4410 | www.royalpalmsbrooklyn.com | Subway: Union St., R, Gowanus/Brooklyn*

RUDY'S BAR [137 D1]

In dieser Kneipe der alten Schule flitzt die Bedienung herum, als wollte sie fürs Münchner Oktoberfest trainieren: mit großen *pitchers* (Glaskrügen) voller Bier für $ 3 und den  Hotdogs – die es umsonst dazu gibt! Im Sommer kann man im Hinterhof zwischen lauter netten New Yorkern auf einer riesigen Leinwand Sportereignisse verfolgen. *627 9th Av. | Tel. 1646-707-00890 | www.rudysbarnyc.com | Subway: 42 St.-Port Authority Bus Terminal, A, C, E | Hell's Kitchen/Manhattan*

TOM & JERRY'S [133 D4]

In der unaufgeregten, angenehmen Bar mit großen Elch-, Hirsch- und

NACHTLEBEN

Wasserbüffelköpfen an der Wand dauert die Happy Hour montags bis freitags von 17 bis 19 Uhr: Nur $ 6 kostet dann ein Glas Bier (nur Bargeld wird akzeptiert!) – und hinten in der Ecke kann man sich umsonst Snacks dazu holen. An der Wand ist eine übergroße Fernsehleinwand montiert, denn hier schauen Fans – oft lautstark – die wichtigsten Sportereignisse. Fiebern Sie mit ihnen mit! *288 Elizabeth St. | Tel. 1212-260-5045 | Subway: Broadway-Lafayette St., B, D, F, M | SoHo/ Manhattan*

CLUBS & LOUNGES
55 BAR
[132 C2]

Wenn Sie gerne Jazz ohne hohe Eintrittspreise und überhebliche Experten hören möchten, dann ist diese kleine, uralte Bar genau die richtige für Sie. Jeden Abend gibt es mehrere Konzerte, das frühe gegen 18.30 Uhr ist meist umsonst. Die Großen des Jazz schauen immer wieder gerne vorbei, die Mitarbeiter sind freundlich, die Drinks lecker, die Atmosphäre entspannt. *55 Christopher St. | Tel. 1212-929-9883 | www.55bar.com | Subway: Christopher St., 1 | West Village/Manhattan*

CLEVER!
> Happy Hour und „nibble food"

Für Reisende aus Europa ist die Happy Hour wie gemacht: Da Sie durch die Zeitverschiebung eher früh auf den Beinen sind, können Sie die günstigen Angebote der frühen Abendstunden bestens in Ihr Sightseeingprogramm einbauen. Die Empfehlungen im Kapitel „Nachtleben" weisen Ihnen den Weg zum preiswerten Aperitif. Oder Sie studieren online „Murph's NYC Bar Guide" unter *www.murphguide.com*. Dort sind zahlreiche Bars, Happy-Hour-Zeiten und Drinkpreise aufgeführt. Bars und Restaurants machen auch mit Klappschildern auf dem Bürgersteig darauf aufmerksam, wann Gäste preiswert Aperitifs genießen können. Von 17 bis 19 Uhr ist die Standardzeit, aber je nach Gegend und Klientel kann die Happy Hour auch mal um 16 Uhr anfangen oder sogar bis 21 Uhr gehen. Oft wird am Bartresen in Schälchen auch etwas *nibble food* angeboten – leckere, kleine Gratisknabbereien.

BAR 13 [133 D2]

In dieser stylishen, aber unprätenziösen Lounge können Sie die ganze Nacht durchtanzen. Auf dem Dach gönnen sich die Besucher zwischendurch ein kleines Päuschen, um abzukühlen und Luft zu schnappen. Von 17 bis 20 Uhr gibt es zwei Getränke zum Preis von einem, 🐷 der Eintritt ist oft umsonst. *35 East 13th St., 2. Stock | Tel. 1212-979-6677 | www.bar13.com | Subway: 14 St.-Union Sq., L, N, Q, R, 4, 5, 6 | East Village/Manhattan*

THE BELL HOUSE [133 F4]

Einer der vielfältigsten Clubs in der Stadt. Livemusik und DJs, Tischtennis-Wettbewerbe, Bingo und TV-Partys. 🐷 Viele Events sind umsonst, manche kosten zwischen $ 5 und $ 10, ab und an können Konzerte auch mal ein bisschen teurer sein. *149 7th St. | Tel. 1718-643-6510 | www.the bellhouseny.com | Subway: 9 St.-4 Av., F, G | Gowanus Canal/Brooklyn*

GONZALEZ Y GONZALEZ 🐷 [133 D4]

In diesem trubeligen Club mit angeschlossenem Restaurant kann es richtig eng werden. Von Donnerstag bis Sonntag tanzen hier eingefleischte Salsa-Lover – ohne Eintritt zu bezahlen – entweder zu einer genialen Liveband oder zum Plattentellerballett eines DJs. Vergessen Sie alles, was Sie im Tanzkurs gelernt haben, und shaken Sie ab zu Salsa, Merengue, Bachata, Reggaton: Es macht Riesenspaß! *192 Mercer | Tel. 1212-473-8787 | www.gygnyc.com | Subway: Bleecker St., 6 | Soho/Manhattan*

HOUSE OF YES [153 D3]

Früher bestand Bushwick hauptsächlich aus Lagerhallen und Fabriken, heute hat es sich zu einem der angesagtesten Partyviertel entwickelt. Mittendrin liegt das House of Yes mit einer schrillen Mischung aus Drag- und Kostümparties, Raves und Performances – 🐷 und das manchmal sogar ganz umsonst. *2 Wyckoff Av. | Tel. 1646-838-4937 | www.houseofyes. org | Subway: Jefferson Street, L | Bushwick/Brooklyn*

PETE'S CANDY STORE [153 D3]

Einst ein Süßigkeitenladen, heute eine richtig angenehme Livebar mit guten Preisen. Bier schon ab $ 4, Chips für $ 2 und dazu fast jeden Abend umsonst Lesungen oder Konzerte auf der kleinen, gemütlichen

Bühne. *709 Lorimer St. | Tel. 1718-302-3770 | www.petescandystore.com | Subway: Lorimer St., L | Williamsburg/Brooklyn*

ROUGH TRADE   [134 C5]

Eine britische Legende mitten in Hipsterhausen alias Williamsburg: Rough Trade ist die wohl beste Kombination aus Plattenladen und Konzertbühne, die New York noch zu bieten hat.

Während viele Händler in den vergangenen Jahren den Mietsteigerungen zum Opfer fielen, behauptet sich die Location mit einer sensationellen Auswahl und meist mehreren Livebands am Tag, die für Besucher für eine Handvoll Dollar zu sehen sind. Ein Muss für Musikfans. *64 N 9th St. | Tel. 1718-388-4111 | www.roughtrade.com | Subway: Bedford St., L | Williamsburg/ Brooklyn*

Spezialist für Karibikfeeling: Gonzalez y Gonzalez

TOP OF THE STRAND [137 E3]

Über die beste Rooftop-Bar von Manhattan streiten sich die Experten seit Jahren – unsere Stimme gehört der auf dem Hotel Strand. Die Getränke sind nicht wirklich billig, aber der Blick entschädigt für vieles. Das Empire State Building ragt mächtig auf – die Skyline ist ein Meer aus funkelnden Lichtern. *33 W 37th St. | Tel. 1646-368-6426 | www.topofthestrand.com | Subway: 34th St.-Herald Sq., B, D, F, M, N, Q, R | Midtown/Manhattan*

UNION HALL [152 C4]

Das Angebort ist äußerst vielfältig: Hier werden Comedy und Livemusik geboten, wird Karaoke gesungen und Boccia gespielt, oder auch einfach nur vor dem Kamin relaxt. An der Bar gibt es neben Getränken auch Kleinigkeiten zu essen. Viele der Veranstaltungen sind umsonst, manchmal werden $ 7–15 Eintritt verlangt. *702 Union St. | Tel. 1718-638-4400 | www.unionhallny.com | Subway: Union St, R | Park Slope/Brooklyn*

CLEVER!

› Knigge für Bier und Co.

In New York dürfen Sie erst ab dem Alter von 21 Jahren Alkohol trinken. Das wird oftmals ernsthaft geprüft, nehmen Sie also abends lieber einen Ausweis mit. Schon beim Eintritt in eine Bar wollen viele Türsteher eine sogenannte ID sehen *(identification card)*. Auch beim Kauf von Getränken (sowie Zigaretten) müssen Sie den Ausweis eventuell vorlegen. Nehmen Sie es einfach als Kompliment, wenn Sie deutlich älter sind als 21! Alkoholische Getränke (alle außer Bier) werden nicht im Supermarkt, sondern nur in *liquor stores* verkauft. Es ist außerdem verboten, in der Öffentlichkeit Alkohol zu trinken. Falls ein Polizist Sie mit einer offenen Bierflasche „erwischt", müssen Sie Strafe zahlen und sich im Extremfall vor Gericht verantworten. Dieses Verbot gilt für alle Plätze außer Privatwohnungen, Bars und Restaurants. Die verschärften Gesetze wurden erlassen, um das heruntergekommene New York wieder „vorzeigefähiger" zu machen.

KONZERTE & LIVEMUSIK ▬▬

ARLENE'S GROCERY [133 E5]

In der ehemaligen Metzgerei kommen jeden Abend Newcomer-Bands auf die Bühne – quasi als Live-Experiment vor Publikum. Die meisten davon rocken das Haus. Schon der normale Eintritt ist mit $ 8 bis $ 10 günstig, wer aber ein echtes Schnäppchen sucht, kann 🐷 montags den ganzen Abend und freitags ab 24 Uhr kommen: Dann ist der Eintritt umsonst. *95 Stanton St. | Tel. 1718-623-7811 | www.arlenegrocery.net | Subway: 2 Av., F | Lower East Side/ Manhattan*

BAM CAFÉ [153 D3]

Das Restaurant mit Bar gehört zum grandiosen Theater BAM (Brooklyn Academy of Music). Freitag- und samstagabends geben erstklassige Musiker im BAM Café regelmässig 🐷 Gratiskonzerte. Geboten werden Rock, Jazz, Rhythm & Blues, Pop oder experimentelle Musik. Die Türen öffnen sich schon um 18 Uhr, die Gigs beginnen meist erst gegen 21 Uhr. Im dazugehörigen Theater gibt's Performances aus aller Welt zu sehen, von Musicals aus Südamerika bis zu Tanztheater aus Südafrika *(Tickets ab $ 25).* Die Inszenierungen sind oft hervorragend und nicht selten mit bekannten Schauspielern besetzt. *30 Lafayette Av. | www.bam. org | Subway: Lafayette Av., C; Atlantic Av., 2, 3, 4, 5, B, Q | Downtown Brooklyn/Brooklyn*

BARBÉS [153 D4]

Insider Tipp

In Park Slope, dem Prenzlauer Berg von Brooklyn, herrscht eigentlich die Kinderwagen-Mafia, doch das Barbés hält sich wie ein gallisches Dorf und trägt jeden Abend Fernweh in die gentrifizierten Ohren: Tropicalia, Balkan, Bollywood. Dazu gibt's gute Drinks und gute Gespräche an der langen Bar, die sich im Sommer auf den Gehsteig verlängert. Barbés hat längst Kultstatus erreicht. *376 9th St., 6th Av. | Tel. 1347-422-0248 | www. barbesbrooklyn.com | Subway: 7 Av., F, G | Park Slope/Brooklyn*

BILL'S PLACE [150 C2]

Einmal Jazz in Harlem hören, wo diese Musik einst entstand – das steht auf der Liste von fast jedem New-York-Besucher. Besonders gut geht das bei dem gefeierten Saxofonisten Bill Saxton, der in seinem Wohnhaus jeden Freitag und Samstag

vor rund 30 Besuchern mit kleiner Band auftritt. Fast ein Privatkonzert – und das für nur $ 20. Bier und Wein darf man selbst mitbringen. *148 West 133rd St. | Tel. 1212-281-0777 | www.billsplaceharlem.com | Subway: 135 St., 2, 3 | Harlem/Manhattan*

MARIE'S CRISIS CAFE [132 C2]

Wem das Ticket für eine Broadway-show zu teuer ist, der geht zu Marie's Crisis. In dieser Bar, die schon seit den 1850er-Jahren am Start ist, feiern die Broadwaysänger nach der Arbeit, und das artet meistens in kollektives Singen rund ums Klavier aus. Mitsingen ausdrücklich erwünscht! *59 Grove St. | Tel. 1212-243-9323 | Subway: West 4th St-Washington Sq., A, B, C, D, E, F, M | West Village/Manhattan*

NUYORICAN POETS CAFÉ [133 F5]

Die Einwanderung von Puerto Ricanern nach New York veränderte die Stadt für immer – vor allem Dank der vielen progressiven Künstler, die die Stimmen der karibischen Kolonie aufs Festland brachten. Zwei von ihnen gründeten das Café in den 70er-Jahren des 20. Jhs. Auch wenn man als Deutscher eher Puerto Ricos

Nachbarinsel, die Dominikanische Republik, kennt – ein Eintauchen in die Spoken-Word- und Poetry-Nächte des Nuyorican hilft, einen der wichtigsten Planeten des Kosmos New York zu verstehen. *236 E 3rd St. | Tel. 1212-780-9386 | www.nuyorican.org | Subway: Essex St., J, M, Z | East Village/Manhattan*

ROCKWOOD MUSIC HALL [133 E5]

Die Nachwuchszelle auf der Lower East Side für alles, was Gitarren hat. Sieben Tage die Woche geben sich hier auf drei kleinen, feinen Bühnen die Talente der Stadt die Klinke in die Hand – entweder, weil sie den Besitzer, Ken Rockwood, kennen oder sonstwie aufgefallen sind. Der Eintritt ist fair zwischen $ 8 und $ 20. Für ambitionierte Laien bisweilen erschreckend ist das hohe Niveau, auf dem selbst die kleinen Acts der Stadt musizieren. Motto: „If you can make it there..."*196 Allen St. | Tel. 1212-477-4155 | www.rockwoodmusichall.com | Subway: 2 Av., F | Lower East Side/Manhattan*

SOUL IN THE HORN [136 B5]

Leider hat die Geburtsstadt des Hip-Hop kaum Clubs zu bieten, die sich auf diese Musik konzentrieren. Wer guten Hip-Hop hören möchte, muss sich deswegen nach Partyreihen umsehen. Schwer populär ist „Soul In The Horn", jeden Donnerstag im Highline Ballroom, gleich an der famosen Highline gelegen. DJane Natasha Diggs holt sich Legenden und Neulinge – live und auf den Plattenteller. Der Eintritt ist frei, solange man in weiblicher Begleitung kommt. *431 W 16th St. | www.facebook.com/*

SoulInTheHorn | Subway: 14th St. - 8th Av., A, C, E, L | Meatpacking District/Manhattan

NACHTAKTIV
BARCADE

Von dieser Bar mit Spielhallenflair gibt es drei: Eine in Brooklyn und zwei in Manhattan. Für nur 25 Cent können Sie sich hier mit Videospielen vergnügen, darunter viele legendäre Games aus den 1980er-Jahren. Dazu gibt es eine große Auswahl an Bier, montags

CLEVER!

> *Klassische Musik, ganz kostenfrei*

Die Met! Carnegie Hall! Alvin Ailey! Es gibt zahlreiche weltberühmte Institutionen für Oper, Orchester, Ballett oder klassische Konzerte in New York, aber die Tickets sind leider meist sehr teuer. Nicht so im Sommer! Dann gibt es geniale Gratis-Konzertreihen in der Stadt. In den heißen Monaten kann man beispielsweise die renommierten New Yorker Philharmoniker ganz umsonst hören – und das auch noch unter freiem Himmel im Park bei Picknick-Atmosphäre mit anschließendem Feuerwerk über der Skyline! Machen Sie es

wie die Einheimischen: Bringen Sie sich Decke, Knabbereien und Wein mit – Vorsicht: Verstecken Sie den Alkohol, denn der ist in öffentlichen Parks eigentlich verboten! – strecken Sie sich aus, und genießen Sie die Musik. Es gibt kaum einen besseren New-York-Moment. Auch die großen Sänger der Metropolitan Opera tingeln im Sommer durch die Parks der Stadt. Meistens finden all diese Auftritte im Juni und Juli statt, sie werden einige Wochen vorher online angekündigt: *https://nyphil.org/parks* und *www.metopera.org.*

bis freitags zwischen 12 und 19 Uhr zur Happy Hour einen Dollar günstiger als sonst. *6 St. Marks Place | Tel. 1212-388-0522 | www.barcadestmarks.com | Subway: Astor Place, 6 | East Village/Manhattan* **[133 E3]**; *388 Union Av. | Tel. 1718-302-6464 | www.barcade brooklyn.com | Subway: Lorimer St., L | Williamsburg/Brooklyn* **[131 E2]**; *148 W 24th St., 7th Av. | Tel. 1212-390-8455 | www.barcadenewyork.com | Subway: 23 St., 1 | Chelsea/Manhattan* **[137 D4]**

CELSIOUS [131 D1]

Manchmal muss man auch in New York einfach nur Wäsche waschen. Weil aber die meisten New Yorker keine eigene Waschmaschine haben (das würde das Leitungsnetz der In-

Hier wird der Haarschnitt zum Erlebnis: The Blind Barber weiß, was Gentlemen wünschen

seln nicht aushalten), gibt es allerorten Waschsalons, wobei die meisten muffig und ungemütlich sind. Ganz anders dieser frisch von zwei deutschen Schwestern eröffnete Laundromat: Waschen bis um Mitternacht und 🐷 dazu gibt es morgens häufig einen Kaffee umsonst und abends unterhaltsame Veranstaltungen. *115 North 7th St. | Tel. 1718-388- 1221 | www.celsious.com | Subway: Bedford Av., L | Williamsburg/Brooklyn*

THE BLIND BARBER [133 F4]

Dieser Mix aus Herrenfriseur und Bar ist eine Hommage an die Barbierläden der 1920er-Jahre. In Retro-Ambiente kann sich Mann für $ 55 die Haare schneiden lassen – und später in der Bar dahinter den im Preis inbegriffenen Cocktail trinken. *339 E 10th St. | Tel. 1212-228-2123 | www.blindbarber.com | Subway: First Av., L | East Village/Manhattan*

ROLLERSKATING BEI NACHT 🐷 [141 F4]

Stadterkundung mal anders: Auf schnellen Rollen geht es mit dem Empire Skate Club dienstagabends rund um den Central Park. Die etwa drei Stunden lange Sause kostet nichts, Sie müssen nur Ihre Skaterausrüstung inklusive Schutzkleidung mitbringen. Treffpunkt ist um 20 Uhr an der südöstlichen Ecke des Central Parks, am Grand Army Plaza. *Fifth Av. und 60th St. | www.empireskate. org | Subway: Lexington Ave - 59th St., N, R, W | Midtown/Manhattan*

SUBWAY PERFORMER

Die New Yorker Subway ist nicht nur der größte Nivellierer der Stadt, der Milliardäre und Obdachlose in den selben Sitz zwingt, sondern auch die größte Bühne. Teils illegal, teils hochoffiziell ausgesucht in einem jährlichen Casting der Stadtverwaltung spielen Instrumentalisten und Sänger aus aller Welt in den Schächten der Stationen – tagsüber, aber vor allem auch nachts. Mancher Virtuose verkauft seine Musik auf CD – ein schönes Souvenir mit echtem New-York-Feeling! Wer sicher gehen will, dass er die Musik der Subway nicht verpasst, sollte sich in den großen Bahnhöfen der 14th, 34th und 42nd Street aufhalten (Union Square, Penn Station, Grand Central Terminal und Times Square). „Station Music Under New York"-Initiative der Stadtverwaltung: *http://web.mta.info/mta/ aft/muny/).*

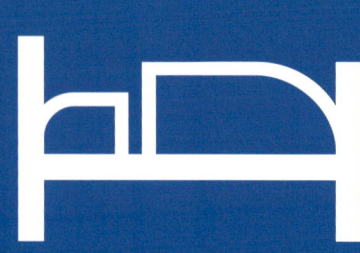

> Hier können Sie durchschlafen, ohne dabei ein Vermögen zu verlieren

Traurig, aber wahr: Das durchschnittliche Hotelzimmer kostet in New York fast $ 400, und da ist in den meisten Fällen das Frühstück nicht einmal dabei. Und doch: Es gibt viele Orte, die sich der Tendenz zum Raum-Preis-Wahn widersetzen. Dazu kommt, dass die Zimmerpreise saisonal stark schwanken. Und: Häufig können Sie bei großen Hotelportalen wie *www.expedia.de*, *www.booking.com* oder *www.hotwire.de* ein Schnäppchen finden. Reservieren Sie auf jeden Fall frühzeitig, denn die günstigen Übernachtungsmöglichkeiten sind auch schnell weg. Wenn Sie zeitlich flexibel sind, nutzen Sie die billigeren Angebote im Januar und Juli. Allerdings: Die Winter können eisig sein und die Sommer brütend heiß. Im Standardhotelzimmer steht meist ein Doppelbett – wenn Sie zwei Einzelbetten *(twin beds)* wollen, müssen Sie das bei der Anmeldung anfragen. Auch wichtig: Auf den Nettopreis des Zimmer kommen noch 14,75 Prozent Übernachtungs- und $ 3.50 Zimmersteuer pro Tag hinzu. Seien Sie außerdem auf winzige Räume gefasst. Minimalismus ist für Wohnen in New York Trumpf. Wahrscheinlich werden Sie sowieso nach langen, aufregenden Tagen müde ins Bett fallen – aber mit diesen Tipps wird das trotzdem ein gemütliches.

SCHLAFEN

AKWAABA MANSION [153 D3]

Akwaaba ist ein Wort aus Ghana und heißt „willkommen". Eine elegante Pension hat in dieser Villa von 1860 in Brooklyn eröffnet. In den opulenten Zimmern und Suiten befinden sich offene Kamine, und das Haus schmückt eine überdachte Veranda, auf der Limonade serviert wird. Zu allen Räumen gehört ein Bad inklusive Whirlpool oder eine freistehende Badewanne. Ab – für diese Ausstattung sensationellen – $ 195 bekommen Sie ein Doppelzimmer und am Morgen ein herzhaftes Südstaatenfrühstück obendrauf. Die Subway ist nah, es sind nur neun Stationen bis nach Manhattan. *18 Zi. | DZ ab $ 195 | 347 MacDonough St. | Tel. 1866-466-3855 | www.akwaaba.com/brooklyn | Subway: Utica Av., A, C | Bedford-Stuyvesant/Brooklyn*

COLONIAL HOUSE INN [136 C4]

Auf vier Stockwerke dieses Backsteingebäudes von 1850 verteilen sich 20 Zimmer und zwei Suiten. Manche der Zimmer haben ein eigenes Bad (und sind deshalb teurer), andere teilen sich eins. Beliebt ist diese Pension bei der LGBTQ-Community. Auf der Dachterrasse kann man in der Sonne sitzen, auch unbekleidet! *Zimmer ab $ 130, Zimmer mit eigenem Bad ab $ 180, Suiten ab $ 280 | 318 West 22nd St. | Tel. 1212-243-9669 | www.colonialhouseinn.com | Subway: 23 St., C, E | Chelsea/Manhattan*

HARBOR HOUSE B&B [152 B5]

San Francisco? New York? In diesem Holzhaus bekommen Sie ein bisschen was von beidem. Große Zimmer mit Blick über den Hafen und eine Veranda, auf der Sie morgens Ihren Kaffee trinken können. Nachteil: Nach Manhattan dauert es mit Bus und Fähre ein wenig. Vorteil: Die Zimmer sind ab $ 79 zu haben – für New York fast unschlagbar günstig. Und auf der Veranda können Sie sich fast wie in einem Strandhaus vom Sightseeing erholen. *11 Zi | DZ ab $ 79 | 1 Hylan Blvd. | Tel 1718-420-9940 | www.nyharbor house.com | Bus S51 | Staten Island*

HARLEM FLOPHOUSE [150 C3]

Insider Tipp

Besitzer René Calvo hat das Haus wieder auf Hochglanz gebracht. In diesem Backsteinbau in Harlem kosten die Zimmer zwischen $ 99 und $ 135 die Nacht. Gesellig und lecker: Im Sommer wird man manchmal spontan zu einem Barbecue eingeladen. Es gibt fünf schlichte und charmante Zimmer und zwei Bäder. Entdecken Sie das bunte Harlem im nördlichen Manhattan! *DZ ab $ 99 | 242 West 123rd St. | Tel. 1212-662-0678 | www.harlemflop house.com | Subway: 125 St., A, B, C, D | Harlem/Manhattan*

LEFFERTS MANOR B&B [153 D4]

Etwa eine halbe Stunde mit der U-Bahn von Manhattan entfernt liegt dieser mit Antiquitäten eingerichtete Altbau in einer schönen Gegend von Brooklyn. Die Zimmerpreise sind günstig und das Frühstück reichhaltig. *6 Zi. | DZ ab ca. $ 80 | 80 Rutland Rd. | Tel. 1347-351-9065 | www.leffertsmanorbedandbreakfast. com | Subway: Prospect Park B, Q, S | Lefferts Gardens/Brooklyn*

SANKOFA ABAN [153 D3/4]

In den sechs Zimmern eines Brownstones aus den 1880er-Jahren schläft es sich sehr gemütlich. Seit sechs Generationen gehört dieses Haus derselben Familie, die es liebevoll in Schuss hält und renoviert. Das Frühstück ist im Preis mit drin. Dazu gibt es immer wieder Jazz-Abende. *DZ ab $ 150, Mindestaufenthalt 2 Nächte | 107 Macon St. | Tel. 1917-704-9237 | http://sankofa aban.com | Subway; Nostrand Av., A, C |Bedford-Stuyvesant/Brooklyn*

HOSTELS

BROADWAY HOTEL & HOSTEL [145 E1]

Simpel, sauber und günstig. Wenn auch mit etwas irreführendem Na-

Bild: Im Harlem Flop House sorgt der Hotelbesitzer und Musiker René Calvo für souliges Flair

men: Der Teil des Broadway, an dem sich die Stars tummeln, liegt etwa 60 Häuserblocks weiter südlich. Dafür sind Central Park und Riverside Park nicht weit. Die Stockbetten-Zimmer mit Bad auf dem Flur kann man gegen Aufpreis für ein gemütliches eigenes Zimmer mitsamt Bad eintauschen. *120 Zi. | Schlafplatz ab ca. $ 48 | DZ mit Bad ab ca. $ 99 | 230 West 101 St. | Tel. 1212-865-7711 | www.broadwayhotelnyc.com | Subway: 103rd St., 1 | Upper West Side/Manhattan*

HOSTELLING INTERNATIONAL [145 E1]
Jugendherberge auf amerikanisch: Einfach, sauber und günstig sind die Schlafplätze im Mehrbettzimmer, die es bereits ab $ 49 gibt. Ohne internationalen Jugendherbergsausweis kommen pro Nacht $ 3 dazu. In der Nähe liegen Central Park und Columbia Universität. Dazu gibt's  kostenlose Stadtführungen, Gemeinschaftsküche und Waschmaschinen. *624 Betten | ab $ 49 im Mehrbettzimmer | 891 Amsterdam Av. | Tel. 1212-932-2300 | www.hinewyork.org | Subway: 103 St., 1 | Upper West Side/Manhattan*

KOLPING VANDERBILT YMCA [138 B2]
YMCAs finden Sie in allen Stadtteilen New Yorks. Es gibt sowohl Mini-Einzelzimmer als auch Räume für zwei, drei oder vier Personen. Das Bad wird in jedem Fall geteilt. Am schönsten und dazu sehr zentral gelegen ist das Vanderbilt. Es bietet 370 Betten bietet sowie ein Schwimmbad. Die Preise schwanken saisonal, ab etwa $ 85 bekommt man ein Einzelzimmer mit dünnen Wänden, aber eigenem Fernseher, das Doppelzimmer mit eigenem Bad ist ab etwa $ 170 zu haben. Manchmal kann man bessere Preise verhandeln, wenn man wochenweise bleibt. *370 Betten | Zimmer ab $ 85 | 224 East 47th St. | Tel. 1212-912-2500 | www.ymcanyc. org | Subway: Grand Central, 4, 5, 6, 7 | Midtown/Manhattan*

HOTELS

AMERICANA INN [137 E2]
Die supergünstigen Unterkünfte, teilweise mit Bad auf dem Gang, sind geräumig, und jedes Stockwerk hat eine kleine Gemeinschaftsküche mit Mikrowelle, Herd und Kühlschrank zur freien Nutzung. Bitten Sie am besten um ein Zimmer, das nach hinten rausgeht, da die Avenue an der

Ecke laut ist. Die Lage ist zentral und praktisch: Sie erreichen zu Fuß Times Square, Broadway, Empire State Building und jede Menge Shopping-Möglichkeiten. *49 Zi. | DZ ab $ 60 | 69 West 38th St. | Tel. 1212-840-6700 | www.theamericaninn. com | Subway: 34 St., B, D, F, M | Garment District/Manhattan*

BOX HOUSE HOTEL [135 D1]

Hotel mit Industrielook in Greenpoint, dem nördlichen Teil von Brooklyn. Die Zimmer sind groß, die Fenster auch, und mit etwas Glück hat man einen Raum mit Terrasse! Die neun Lofts und Suiten haben hohe Decken, eine Küche, und im Hotel gibt es außerdem Waschmaschinen sowie eine Sauna. Box House Hotel eignet sich besonders für Kleingruppen von vier bis sechs Leuten. *Loftsuite (mit Terrasse) ab $ 249 | 77 Box St. | Tel. 1718-383-3800 | www.theboxhouse hotel.com | Subway: Greenpoint Av, G | Greenpoint/Brooklyn*

CARLTON ARMS [137 F5]

Wer ein Hotel mit cooler Atmosphäre sucht, ist hier richtig! Unterschiedliche Künstler haben die Räume individuell gestaltet – und überall im Hotel, das keinen Aufzug hat, entdecken Sie Kunst an den Wänden und Decken. Wer länger als eine Nacht bleibt, muss sein Bett selbst machen. Für $ 160 *(ab $ 130 mit geteiltem Bad)* gibt's ein sauberes Zimmer mit Charme. Wer eine ganze Woche bleibt oder im Winter kommt, zahlt noch weniger. *54 Zi. | EZ ab $ 90, DZ ab $ 130 | 160 East 25th St. | Tel. 1212-679-0680 | www. carltonarms.com | Subway: 23 St., 6 | Murray Hill/Manhattan*

CITIZENM NEW YORK [141 D5]

CitizenM (das M steht für *mobility/* Mobilität) ist ein modernes Hotel mitten im Trubel des Times Square. Zu Broadway und Central Park ist es nicht weit, auf dem Dach ist eine Rooftop-Bar und im 19. Stock ein Fitnessstudio. Die Räume sind klein, modern und clever-funktional eingerichtet. Für die Lage ist der Preis ziemlich günstig. *230 Zi. | DZ ab $ 193 | 218 W 50th St. | Tel. 1212-461-3638 | www.citizenm.com | Subway: 50 St., 1, C, E | Midtown/Manhattan*

THE EVELYN [137 E5]

In diesem Boutiquehotel unweit des Empire State Building, das zur

gleichen Gruppe wie das Frederick Hotel gehört *(S. 105)*, gibt es praktisch-elegant eingerichtete Zimmer und kostenlose Stadtführungen. Die Preise schwanken sehr stark, im Winter sind Schnäppchen möglich. *150 Zi. | DZ ab $ 110 | 7 East 27th St. | Tel. 1212-545-8000 | www.theevelyn.com | Sub-way: 28 St., N, R | Flatiron District/ Manhattan*

FAIRFIELD INN AND SUITES NEW YORK [137 D4]

Ein Kettenhotel, das bedeutet: wenig Charme, dafür erwartbar solide Qualität und Anonymität in zentraler Lage bei vergleichsweise bezahlba-

CLEVER!

> Wohnplattformen im Netz

Das Internet bietet viele Möglichkeiten, unter den häufig überteuerten New Yorker Unterkünften Schnäppchen zu finden. Einen guten Hotel-Preisvergleich via Stadtplan bietet *www.maps.google.com.* Besonders für spontane Buchungen geeignet sind *www.hotwire.com, www.priceline.com* und *www.hoteltonight.com.* Die genaue Adresse der Hotels wird hier teilweise erst nach der Buchung mitgeteilt. Bei Aufenthalten von mehr als einem Wochenende oder wenn Sie in der Gruppe reisen, lohnt es sich, die Vermietungs-Plattformen *www.airbnb.com, www.flipkey.com, www.homeaway.com, www.vrbo.com, www.only-apartments.com* und *www.nyhabitat.com* einmal durchzusurfen. Mieten Sie ruhig auch außerhalb von Manhattan, prüfen Sie aber die U-Bahn-Anbindung. Wer flexibel ist oder Zeit hat zu planen, kann über Wohn-Communities wie *www.listingsproject.com, www.facebook.com/groups/gypsyhousing/* oder *www.couchsurfing.org* großartige Zimmer oder Wohnungen für längere Aufenthalte finden. Grundsätzlich gilt: Wenn Sie von privat buchen, schauen Sie sich genau an, wie Ihr Vermieter bewertet wurde und ob der Account verifiziert ist. Zahlen Sie nie in bar. Buchen Sie nicht in Eile, sondern nehmen Sie sich Zeit. Und: Erzählen Sie Ihren Freunden von der Suche. Oft sind persönliche Empfehlungen die besten!

ren Preisen. Mit etwas Glück bekommen Sie ein Zimmer mit Blick auf das Empire State Building. *110 Zi. | Preise saisonabhängig, um DZ $ 150 | 116 W 28th St. | Tel. 1212-2060-998 | www.marriott.com/hotels/travel/nyctw-fairfield-inn-and-suites | Subway: 28 St., 1 | Garment District/Manhattan*

THE FREDERICK HOTEL [128 B3]

Das Frederick ist nicht superbillig, aber ein guter Deal, wenn Ihnen ein eigenes Badezimmer wichtig ist. Die Räume sind frisch renoviert und sachlich modern eingerichtet. Ab ca. $ 140 zahlen Sie für ein Doppelzimmer in einem der ältesten Hotels von New York und wohnen mitten im hippen Stadtteil TriBeCa – 🐷 kostenlose Stadtführungen inklusive. *150 Zi. | DZ ab $ 140 | 95 West Broadway | Tel. 1888-895-9400 | www.frederickhotelnyc.com | Subway: Chambers St., 1, 2, 3 | TriBeCa/Manhattan*

HGU NEW YORK [137 F4]

Generalüberholt und mitten in Midtown – das HGU bietet eine gute Unterkunft für Manhattan-Fans, die Häuserschluchten und Yellow Cabs

vor der Tür haben möchten. Die Zimmer sind eng, aber modernst ausgestattet, die Preise übersichtlich auf der Website angezeigt. *95 Zi. | DZ ab ca. $ 140 | 34 East 32nd St. | Tel. 1212-779-3432 | www.hgunyc.com | Subway: 33 St., 6 | Murray Hill/Manhattan*

THE JANE HOTEL [132 B1] *Insider Tipp*

Ursprünglich war das Jane ein Hotel für Seeleute. 1912 verbrachten die Überlebenden des Untergangs der Titanic hier einige Zeit, bis ihre rechtliche Lage geklärt war. Seit einer umfassenden Renovierung vor wenigen Jahren erstrahlt das historische Haus in neuem Glanz. Eine Einzelkajüte – die Räume gleichen Schiffskabinen oder Schlafwagenabteilen – kostet nur $ 59, mit Stockbett für zwei $ 79. Man teilt sich das Bad auf dem Flur. Die Captain's Cabins, teils mit eigener Terrasse, gibt es ab $ 149. Alles nur ein paar Schritte vom Hudson River und seiner grün ausgebauten Uferfront entfernt. *211 Zi. | EZ ab $ 59, DZ ab $ 79 | 113 Jane St. | Tel. 1212-924-6700 | www.thejanenyc.com | Subway: 14 St., 1, 2, 3 | West Village/Manhattan*

LA QUINTA INN [137 E4]

Dieses Kettenhotel ist sauber und preiswert, bietet aber wenig Ästethik. Das historische Gebäude von 1904 hat jedoch Charme, und auf dem Hausdach befindet sich eine kleine Bar! Ein seltenes Plus: Frühstück ist inbegriffen. Wenn Sie Lust auf koreanisches Essen und Kultur haben, sind Sie hier genau richtig: Das Hotel liegt mitten in Koreatown. *181 Zi. | DZ ab $ 120 | 17 West 32nd St., 5th Av. | Tel. 1212-736-1600 | www.laquintaman hattanny.com | Subway: 34 St., B, D, F, M, N, Q, R | Midtown/Manhattan*

HOTEL LE BLEU [153 C4]

Frühstück, Minibar und vielleicht sogar einen kleinen Balkon mit Blick auf die Skyline: In diesem Designhotel stimmt das Preis-Leistungs-Verhältnis allemal. Die Viertel Gowanus und Park Slope, zwischen denen das Hotel liegt, bieten industriellen Hipster-Chic um den Gowanus Canal und gediegene Idylle am Prospect Park, dem Central Park von Brooklyn. *48 Zi. | DZ ab $ 120 | 370 4th Av. | Tel. 1718-625-1500 | www.hotellebleu.com | Subway: 4 Av.-9 St., F, G, R | Gowanus/Brooklyn*

MORNINGSIDE INN [145 F1]

Dieses preiswerte Hotel liegt in der Nähe der Columbia Universität auf der Upper West Side und damit mitten im Studentenviertel. Die kleinen Zimmer

Viel Design für relativ wenig Geld: das Hotel Le Bleu in Brooklyn

sind sauber, klimatisiert und schlicht eingerichtet. Das Bad ist auf dem Flur. Die Nähe zu drei Parks – Central, Riverside, Morningside – ist ein schwer schlagbarer Bonus für alle, die sich während der Sightseeingpausen nach Grün und frischer Luft sehnen. *67 Zi. | DZ ab ca. $ 89 | Tel. 1212-316-0055 | www.morningsideinn-ny.com | Upper West Side/Manhattan*

HOTEL NEWTON [145 E2]

Im Norden der Upper West Side, drei Blocks vom Central Park, bietet dieses Hotel geräumige Zimmer zu für New York erstaunlich günstigen Preisen. Die Einrichtung ist etwas in die Jahre gekommen, aber die Ausstattung (Mikrowelle, Kühlschrank, Bügeleisen) gleicht das aus. Kinder bis 14 können  im Zustellbett umsonst bei ihren Eltern im Zimmer übernachten. *110 Zi. | DZ ab ca. $ 75, Juniorsuite ab ca. $ 125 | 2528 Broadway | Tel. 1212-678-6500 | www.thehotel newton.com | Subway: 96 St., 1, 2, 3 | Upper West Side/Manhattan.*

NYMA [137 E3–4]

Sollte das La Quinta Inn ausgebucht sein, bietet das NYMA gegenüber sehr ähnliche Features zu ähnlichen Preisen. Auch hier ist das Frühstück inbegriffen, und Koreatown und Empire State Building liegen in Spazierentfernung. *171 Zi. | DZ ab $ 120 | 6 West 32nd St. | Tel. 1212-643-7100 | www. hotelnyma.com | Subway: 34 St., B, D, F, M, N, Q, R | Midtown/Manhattan*

OPERA HOUSE HOTEL [153 D1]

Auch in der Bronx gibt es inzwischen Boutiquehotels – und das deutlich günstiger als im Rest der Stadt! Einst traten hier der Zauberer Harry Houdini und die Marx Brothers auf, heute werden luxuriöse Zimmer angeboten, und die U-Bahn nach Manhattan startet direkt um die Ecke. *60 Zi. | DZ ab ca $ 80 | 436 East 149th St. | Tel. 1718-407-2800 | www.operahousehotel.com | Subway: 3 Av.-149 St., 2, 5 | Mott Haven/Bronx*

POD-HOTELS

Die Pod-Hotels bieten ihren Gästen moderne, kistenartige Minizimmer ab etwa $ 75 – inzwischen an vier Standorten: zwei in Midtown East, eins am Times Square und eins in Williamsburg. *www.thepodhotel.com | Times Square* [137 E1]*: 665 Zi. | DZ ab $ 129 | Tel. 1844-763-7666 | 400 W 42nd St. | Subway: 42 St.-Port Authority, Bus: Terminal A, C, E; Midtown East* [138 B2]*: 345 Zi. | DZ ab $ 129 | Tel. 1844-763-7666 |230 East 51st St. | Subway: Lexington Av.-53 St., E, M; Murray Hill* [138 A3]*: 366 Zi. | DZ ab $ 129 | Tel. 1844-763-7666 | 145 East 39th St. | Subway: Grand Central-42nd St., 4, 5, 6, 7, S; Williamsburg/Brooklyn* [131 D2]*: 249 Zi. | DZ ab $ 129 | Tel.*

1844-763-7666, Subway |247 Metropolitan Av. | Subway: Bedford Av., L

THE RIDGE HOTEL [133 E5]

Mitten auf der Lower East Side liegt dieses moderne Hotel. Ein idealer Ausgangspunkt, um das Szeneviertel zu erkunden und danach auf dem Dachgarten eine Pause einzulegen. Die Zimmer sind zwar nicht groß, aber geschmackvoll eingerichtet. Gleich um die Ecke locken unzählige kleine Läden, Cafés, Bars und Restaurants. *42 Zi. | Preise variieren stark, DZ zeitweise ab ca. $ 120 | 151 East Houston St. | Tel. 1212-777-0012 | www.ridgehotelnyc.com | Subway: Broadway-Lafayette, B, D, F, M | Lower East Side/Manhattan*

ROW NYC [137 E1]

In der Nähe des Times Square liegt dieses elegante, aber nicht zu teure Hotel. Die Zimmer sind klein, doch dafür liegen sie mitten im quirligen Manhattan. Vor allem natürlich in den oberen der 28 Stockwerke bieten sich großartige Blicke in die Häuserschluchten der Stadt. *600 Zi. | DZ ab $ 120 | 700 8th Av. | Tel. 1212-869-3600 | www.rownyc.com | Subway: 42 St.-Port Authority, A, C, E | Midtown/ Manhattan*

TRAVEL INN [137 D1]

Sauberes, helles Kettenhotel, das mit einem Outdoor-Swimmingpool besticht. Sie können sich außerdem in einem Fitnessraum austoben und es sich anschließend auf dem Sonnendeck gemütlich machen. 🐷 Jugendliche bis 15 Jahre dürfen umsonst bei den Eltern nächtigen. *160 Zi. | DZ ab $ 120 | 515 West 42nd St. | Tel. 1212-695-7171 | www.thetravelinnhotel. com | Subway: 42 St.-Port Authority Bus Terminal, A, C, E | Hell's Kitchen/Manhattan*

THE WALL STREET INN [128 B4]

Bei dem Namen des Hotels denkt man gleich ans große Geld, aber die eher kleine 46-Zimmer-Herberge ist je nach Jahres- und Reisezeit erstaunlich günstig. Im unteren Teil Manhattans wohnend, kann man von hier zu Fuß zur Staten Island Ferry oder Brooklyn Bridge laufen. Das Haus ist hübsch und das Personal freundlich – was will man mehr? *DZ ab $ 100 | 9 South William St. | Tel. 1877-747-1500 | www. thewallstreetinn.com | Subway: Wall St., 2, 3 | Financial District/Manhattan*

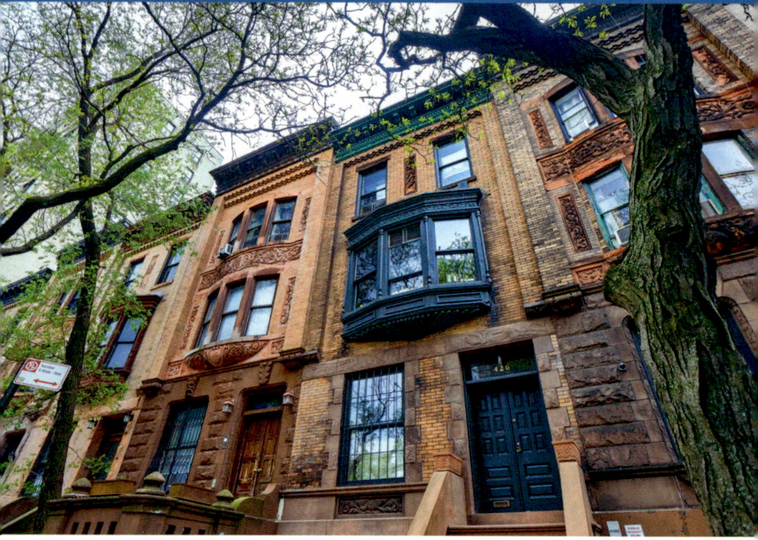

Ein Muss für Bücherwürmer: Übernachtung im Jumel Terrace

YOTEL [137 D1]

An der Rezeption wartet auf die Ankömmlinge ein Computer anstelle eines Menschen. Die Zimmer sind klein, aber praktisch – und der Blick von der Terrasse, wo im Sommer Filme gezeigt werden, ein absoluter Traum. *669 Zi. | DZ ab $ 90 | 570 10th Av. | Tel. 1646-449-7700 | www.yotel.com | Subway: Times Sq.-42nd St. 1, 2, 3, 7, N, Q, R, S | Hell's Kitchen/Manhattan*

PRIVAT- & GÄSTEZIMMER

CENTRAL PARK APARTMENTS [146 A1–2]

Für einen längeren Aufenthalt eignen sich die Unterkünfte dieses Apartmenthauses. Ausgestattet mit einem Bad sowie einer Küchenzeile kostet ein Zimmer für einen ganzen Monat ab $ 1600. Für New Yorker Verhältnisse ist das billig. *40 Zi. | 19 West 103rd St. | Tel. 1212-678-0491 | www.centralparkapartmentsnyc.*

com | *Subway: 103 St., B, C | Upper West Side/Manhattan*

JUMEL TERRACE BED & BREAKFAST [153 D1]

Kurt Thometz ist Privatbibliothekar und hat schon die Regale der Reichen und Schönen der Stadt gefüllt. Mit mehr als 15 000 Büchern lebt er in einem alten Brownstone in Sugar Hill. Seinen früheren Buchladen im Untergeschoss, stilvoll als Wohnung für fünf Personen eingerichtet und immer noch voller Bücher, vermieten er und seine Frau heute. Frühstück gibt es dem Namen zum Trotz zwar nicht – dafür von Thometz alles Wissenswerte über die Geschichte der Stadt. *Wohnung mit Betten für 5 Personen $ 295 | 426 West 160th St. | Tel. 1212-928-9525 | www.jumelterracebnb.com | Subway: 163 St., A, C | Sugar Hill/ Manhattan*

KOLPING HOUSE [142 C1]

Insider Tipp

Eine Residenz nur für Männer zwischen 21 und 35 Jahren an der Upper East Side, die speziell auf Praktikanten und Studenten ausgerichtet ist. Für $ 260 pro Woche oder $ 70 am Tag erhält man ein Einzelzimmer sowie von Montag bis Freitag ein Mittag- oder Abendessen. Bleiben dürfen Sie bis zu drei Monate. Oft nutzen deutsche Gäste die günstigen Zimmer der über 100 Jahre alten, katholische Kolpinggesellschaft, gegründet vom Priester Adolph Kolping (1813–1865). Um ein Zimmer mieten zu können, muss man nicht katholisch sein, aber ein Antragsformular ausfüllen und zwei Referenzschreiben beilegen. Die genauen Details finden Sie auf der Internetseite. *88 Zi. | $ 260/Woche oder $ 70/Tag | 165 East 88th St. | Tel. 1212-369-6647 | www.kolpingny.org | Subway: 86 St., 4, 5, 6 | Upper East Side/ Manhattan*

WEBSTER APARTMENTS [136 C2]

Insider Tipp

Wer weiblich ist, älter als 18 Jahre und in New York arbeitet oder ein Praktikum macht, der kann sich für eines der 375 Zimmer der Webster Apartments bewerben. Vier Wochen ab etwa $ 1900 inklusive zwei Mahlzeiten pro Tag – ein in New York schwer zu schlagendes Angebot. *375 Zi. | 419 West 34th St. | Tel. 1212-967-9000 | www.websterapartments. org | Subway: 34th St.-Hudson Yards 7 | Midtown/Manhattan*

HOTEL GANSEVOORT [132 B1]

Halb Partyturm, halb Luxushotel – das Gansevoort ist ein Symbol für das neue, hippe Meatpacking District. Der Pool liegt auf dem Dach, von einigen der 187 Zimmer geht der Blick auf den Hudson. Den Drink nimmt man in der Lounge im obersten Stockwerk ein. Übers Internet kann man hier tolle Schnäppchen machen und so fast die Hälfte sparen: Superiorzimmer $ 375 statt $ 660. *187 Zi. | 18 9th Av.| Tel. 1212-206-6700 | www.hotelganse voort.com | Subway: 14 St./8 Av., A, C, E | Meatpacking District/Manhattan*

JW MARRIOTT ESSEX HOUSE [141 E4]

Der Hotelklassiker von 1931 bietet über das Internet hin und wieder sensationelle Luxusschnäppchen. So bekommen Sie zu bestimmten Zeiten Doppelzimmer für $ 400 statt für knapp $ 1100 – die Nacht, wohlgemerkt! Mit etwas Glück ist vielleicht sogar der Blick auf den Central Park dabei. *509 Zi. | 160 Central Park South | Tel. 1212-247-0300 | www.marriott.com/hotels/travel/nycex-jw-marriott-essex-house-new-york/ | Subway: 59 St.-Columbus Circle, 1, A, D | Midtown/Manhattan*

THE STANDARD [136 B5]

Das derzeit wohl angesagteste Hotel Manhattans steht breitbeinig über der High Line. Am Hudson River gelegen, offeriert das Haus Traumblicke auf New York. Auf dem Dach trifft man sich zum Cocktail in der Disco-Bar Le Bain – auch New Yorker schummeln sich hier gerne mal unter die Hotelgäste. Da erstaunt der Preis für ein Zimmer mit Topdesign und eleganter Ausstrahlung fast: ab $ 330 pro Nacht. Es gibt allerdings auch Räume für über $ 2000, falls Sie Interesse an Weltrekorden haben! Die besten Angebote bekommen Sie hier – wie häufig auch in anderen Hotels – im Januar und Juli. *337 Zi. | DZ ab $ 330 | 848 Washington St. | Tel. 1212-645-4646 | www.standardhotels.com | Subway: 14 St., A, C, E | Chelsea/Manhattan*

WYTHE HOTEL [153 D3]

Als Hipster-Hochburg und Minimalismus-Denkmal mitten in Brooklyns Williamsburg setzt das Wythe Maßstäbe in

LUXUS LOW BUDGET

Aussicht, Industriechic und Musikauswahl. Die Zimmer sind großzügig, mit Glasfronten und hohen Decken. Die Referenzen an die Geschichte des Gebäudes, eine alte Böttcherei, sind zahlreich. Und die Partys, oft mit guten Elektro-DJs, sind ausgelassen. Restaurant und Bar des Hotels sind auch bei Nicht-Gästen beliebt, genau wie die häufig organisierten Kunstausstellungen und Pop-up-Shops. *70 Zi. | DZ ca. $ 285 | 80 Wythe Av. | Tel. 1718-460-8000 | www.wythehotel.com | Williamsburg/Brooklyn*

Badezimmer mit fantastischer Aussicht in The Standard

> New York – ein Spieleparadies für Kinder. Und auch die Eltern haben Spaß, dank moderater Preise!

Mit Kindern durch New York zu ziehen, macht doppelt Spaß. Die Stadt ist nicht nur sicher und die Bewohner generell rücksichtsvoll gegenüber Kindern und Eltern, die vielen verschiedenen Ecken sind auch wie ein gigantischer Abenteuerspielplatz mit vielen günstigen oder sogar kostenlosen Angeboten. Fahren Sie mit der ganzen Familie mit der U-Bahn direkt zum Surfen oder Sonnenbaden an den Strand! Erleben Sie Pinguine im Eis, Gorillas im Dschungel oder Ponys zum Streicheln im Bronx Zoo! Oder lassen Sie Ihre Kinder im Feuerwehrmuseum für einen Tag zu „New York's Finest" werden. Und wenn Sie Ihren Kindern Wolkenkratzer auf Augenhöhe zeigen wollen, müssen Sie keinen Hubschrauber chartern – es reicht eine Fahrt mit der Schwebebahn nach Roosevelt Island und zurück! Passt das Wetter mal nicht, können Sie Halloweenkostüme anprobieren oder im Restaurant Sing Sing lauthals Karaokelieder mit Ihren Kindern schmettern – wie ein Popstar! Dazu gibt's Straßenfeste, Paraden, unterhaltsame Kindermuseen ... eine Lebenszeit reicht kaum aus, New Yorks Angebote für die Kleinen und Größeren zu entdecken. Versüßen Sie sich den Big-Apple-Aufenthalt mit diesen günstigen und aufregenden (Kinder-)Abenteuern.

MIT KINDERN

KULTUR

BROOKLYN CHILDREN'S MUSEUM [153 D4]

Das älteste Kindermuseum der Welt ist seit 1899 eine Institution in der Stadt. Ob mit Wasser herumspritzen, Tiere streicheln, in einem Mini-Supermarkt einkaufen oder sich an verschiedenen Instrumenten ausprobieren – für Kinder tut sich hier hinter jeder Ecke eine neue Welt auf. Das einzige Problem ist meist, sie dazu zu überreden, wieder herauszukommen. Der Eintritt beträgt $ 11 pro Person (Kinder unter 1 Jahr frei), jeden Donnerstag von 14 bis 18 Uhr gilt „pay as you wish". *Di–So 10–17, Do bis 18, Sa/So bis 19 Uhr | 145 Brooklyn Av. | Tel. 1718-735-4400 | www.brooklynkids.org | Subway: Nostrand Av., 3 | Crown Heights/Brooklyn*

BROOKLYN FARMACY [152 C3–4]

Insider Tipp

Lust auf eine kleine Zeitreise in die 50er-Jahre? Die Brooklyn Farmacy ist eine sogenannte *soda fountain,* das heißt: Eisbecher mit viel Sahne, Milchshakes, Limonade und andere süße Schlemmereien. Kinderträume werden wahr, und Eltern können währenddessen einen Cappuccino trinken und dabei oft auch 🐷 umsonst einen Stummfilm schauen. *513 Henry St. | Tel. 1718-522-6260 | www.brooklynfarmacyandsodafountain.com | Subway: Carroll St., F, G | Carroll Gardens/Brooklyn*

FEUERWEHRMUSEUM [132 B4]

Die Feuerwehr lobt sich gerne selbst als „New York's Bravest" – die mutigsten Männer und Frauen der Stadt.

Zu denen, die Kinder am liebsten haben, gehören sie auf jeden Fall und lassen die Kleinen in diesem Museum so viel wie möglich ausprobieren und anfassen. Mit $ 8 ist der Preis für ein Ticket recht günstig (Kinder unter 12 Jahren $ 5). *Tgl. 10–17 Uhr | 278 Spring St. | Tel. 1212-691-1303 | www.nycfiremuseum.org | Subway: Spring St., C, E | SoHo/Manhattan*

INTREPID MUSEUM [140 B4]

Einmal Flugzeugträger, immer Flugzeugträger – wenn auch heute nur noch zu Museumszwecken. Auf der USS Intrepid findet sich alles, was so durch den Himmel surrt. Absolutes Highlight: das von der NASA ausrangierte Space Shuttle Enterprise. *$ 33, Ki. bis 12 J. $ 24 | Mo–So 10–17 Uhr | Pier 86, 12th Av. | Tel. 1212-245-0072 | www.intrepidmuseum.org | Subway: 50 St., C, E | Hell's Kitchen/Manhattan*

LEFFERT'S HOMESTEAD [153 C–D4]

In Brooklyns Prospect Park steht ein altes holländisches Kolonialfarmhaus. Kinder können dort erkunden, wie die Menschen im Dorf Flatbush im 18. Jh. lebten, bevor es Teil einer Millionenstadt wurde. Geschichte zum Anfas-

sen sowie kleine Gratisworkshops. *Eintritt auf Spendenbasis, vorgeschlagen werden $ 3 | Di–So 12–17 Uhr | 452 Flatbush Av. | Tel. 1718-965-8951 | www.prospectpark.org | Subway: Prospect Park, B, Q, S | Crown Heights/Brooklyn*

MUSEUM OF THE MOVING IMAGE [153 D2]

Inside Tipp

High-Tech zum Ausprobieren: Machen Sie mit Ihren Kindern einen Animationsfilm, den Sie sich per E-Mail nach Hause schicken können, oder unterlegen Sie den Film mit Soundeffekten. Oder wollen Sie mit Ihrer Stimme den berühmten Film „The Wizard of Oz" synchronisieren? Samstags und sonntags in der Matinee laufen meist Kinderfilme. *Fr 16–20 Uhr freier Eintritt für alle, sonst $ 12, Ki. bis 12 J. $ 6 | Mi–Do 10.30–17, Fr 10.30–20, Sa, So 10.30–18 Uhr | 35th Av. u. 37th St. | Tel. 1718-777-6800 | www.movingimage.us | Subway: Steinway St., E, M, R | Astoria/Queens*

NEW YORK HALL OF SCIENCE [153 E2]

Kinder jeden Alters lieben dieses Museum zum Anfassen, Ausprobieren und Selbertesten: die Arbeit in einem

Mikrobenlabor, Weltraumbilder per Videokamera aufnehmen und Wissenschaftsexperimente jeglicher Art. Im Sommer finden Experimente zum Mitmachen auch draußen statt. 🐷 *Freier Eintritt Fr 14–17 u. So 10–11 Uhr (außer Juli/Aug.), sonst $ 16, Ki. bis 17 J. $ 13 | Mo–Fr 9.30–17, Sa/So 10–18 Uhr | 47–01 111th St. | Tel. 1718-699-0005 | www.nysci.org | Subway: 111 St., 7 | Flushing Meadows-Corona Park/Queens*

NEW YORK TRANSIT MUSEUM [152 C4]

Im Bus- und Bahnmuseum finden jedes Wochenende 🐷 Familien- und Kinderprogramme statt, die im Eintrittspreis enthalten sind. Mit Glaskacheln werden Mosaike erstellt, kleine Züge gebastelt und Filme gezeigt. Die Ausstellung hat viele interaktive Elemente: Man kann Bus fahren, alte Schalter bedienen und durch antike Wagen laufen. *$ 10, Ki. bis 17 J. $ 5 | Di–Fr 10–16, Sa/So 11–17 Uhr | 99 Schermerhorn St., Boerum Pl., in einer alten Subwaystation | Tel. 1718-694-1600 | mta.info/mta/museum | Subway: Borough Hall, 2, 3, 4, 5 | Brooklyn Heights/Brooklyn*

OUTDOOR

OUTDOOR POOLS 🐷

Im Juli und August ist es im Betondschungel New York oft so unerträglich schwülheiß, dass ein kühler Pool der einzige Ausweg ist. Glücklicherweise hat die Stadtverwaltung das eingesehen: Alle öffentlichen Freibäder sind umsonst. Früher gab es in einigen viel Kriminalität, deswegen herrscht noch heute die strikte Regel: Nur Badebekleidung und Handtuch dürfen mit rein, alles andere muss mit selbst mitgebrachtem Schloss in einem Spint eingeschlossen werden. *Mo–So 11–15 u. 16–19 Uhr | z.B. McCarren Park Pool | Lorimer St. zw. Bayard St. u. Driggs Av. | Subway: Bedfordav., L | Williamsburg/Brooklyn [152 C4]; Red Hook 155 Bay St. | Subway: Smith 9 St., F, G | Brooklyn [152 C4]; Lasker (Central Park) | Subway: 110 St.-Lenox Av., 2, 3 | Manhattan [146 B1–2]; Astoria, 19th St. u. 23rd Drive | Subway: Ditmars Bvld., N | Queens [153 D2] | Infos u. Übersicht: www.nycgovparks.org*

SCHIFFSSPIELPLATZ IN DUMBO 🐷 [129 E5]

Insider Tipp

Auf so einem Schiff wollen nicht nur Kinder Kapitän sein: Sandkasten,

Rutschen, Wasserspritzer und Schaukeln, alles im Seefahrerlook und vor allem mit fantastischem Blick auf Brücken und die Skyline von Manhattan. Das kann eigentlich gar nicht langweilig werden. Falls doch: Der Spielplatz ist nur der Anfang des Brooklyn Bridge Park am East River mit Liegewiesen, Stränden, Sportplätzen, Picknickbänken, Grills, einem Karussell – und noch mehr Spielplätzen. *Eingänge zum Spielplatz über Washington St. u. Plymouth St. | www.brooklynbridgepark.org | Subway: York St., F | DUMBO/Brooklyn*

SPIELPLÄTZE IM CENTRAL PARK 🐷
[141 E/F 1–4, 142 A/B 1–4, 145 D–F 1–5, 146 AC 1–5]

In Manhattan gibt es mehr Spielplätze, als die enge Bebauung vermuten lässt – aber das Mekka für spielende Kinder ist und bleibt der Central Park. Es locken ein Schwimmbad, Seen, Rollerblading, winterliches Schlittschuhlaufen, riesige Wiesen, Hügel, Gärten, ein Zoo und mehrere Spielplätze, die zu den besten der Stadt gehören. Seit 150 Jahren erholen sich die New Yorker hier, tun Sie es auch! *59th–110th St. | Subway: 59 St.-Columbus Circle, A, B, C, D, 1, 2; 86 St., A, B, C; 110 St.-Lenox Av., 2, 3 | Upper East u. Upper West Side/Manhattan*

PARKS & TIERE

AMERICAN MUSEUM OF NATURAL HISTORY   [141 F1]

Ein Wal hängt von der Decke, und in der Lobby kämpfen zwei Dinosaurierskelette miteinander: Das Naturkundemuseum der Stadt ist nicht erst seit dem Erfolgsfilm „Nachts im Museum" weltberühmt. Fast alle Tiere hier sind ausgestopft, nur im Winter kommt ein kuschelig erwärmter Schmetterlingskasten hinzu. Und das Beste: Was Sie an Eintritt zahlen wollen, ist Ihnen überlassen. *Mo–So 10–17.45 Uhr | Central Park West, 79th St. | Tel. 1212-769-5100 | www.amnh.org | Subway: 81st St., B, C | Upper West Side/Manhattan*

BELVEDERE CASTLE NATURE OBSERVATORY 🐷   [145 E5]

Das Schloss auf einem Hügel im Central Park dient als Naturobservatorium. Kleine Naturliebhaber können an den Wochenenden mit den Park Rangern unentgeltlich auf Safari gehen. Wer lieber alleine unterwegs sein will, kann ein 🐷 „discovery kit" (komplette Ausrüstung zur

Vogelbeobachtung) mit Fernglas, Bestimmungsbuch, Zeichenblock und Buntstiften gratis ausleihen. Der Pass muss dafür hinterlegt werden. Gehen Sie entweder auf der Westseite, Höhe 81st Street, oder auf der Ostseite, Höhe 79th Street, in den Park. *Mo–So 10–17 Uhr | Tel. 1212-772-0288 | Subway: 81 St., B, C | Upper West Side/Manhattan*

Insider Tipp
BRONX ZOO [153 E1]

Mittwochs können Sie den Affen, Schlangen und Hirschen einen etwas preiswerteren Besuch abstatten: Sie entscheiden sebst, was Sie bezahlen möchten. Aber mindestens ein Dollar ist durchaus üblich. Es ist ein Ausflug ins Grüne, denn die meisten Tiere leben in großen Freigehegen. Sonderausstellungen oder die Seilbahn im Tierpark kosten allerdings etwas. Der wunderbare Zoo liegt weit nördlich in der Bronx, planen Sie also etwas Zeit für die Anfahrt ein. *$ 28,95, Ki. 3–12 J. $ 20,95 | tgl. 10–16.30 Uhr | 2300 Southern Blvd. | www.bronxzoo.org | Subway: Pelham Parkway, 2 | Bronx*

NEW YORK AQUARIUM [152 C5]

Hurrikan Sandy hat dem direkt am Atlantik gelegenen Aquarium stark zugesetzt. Aber die Betreiber haben darin – typisch amerikanisch – eine Chance gesehen, das Gebäude generalüberholt und zahlreiche Haie dazugeholt. Schon die Anfahrt macht Spaß, wenn sich der F-Train langsam überirdisch dem Vergnügungspark von Coney Island nähert. Und nach den Fischen geht's an den Strand. *$ 11,95, Fr-Nachmittag „pay what you wish" | im Winter tgl. 10–16.30, im Sommer tgl. 10-17 Uhr | 602 Surf Av. | Tel. 1718-265-3474 | www.nyaquarium.com | Subway: West 8 St., D, F | Coney Island/Manhattan*

PROSPECT PARKS TIERWELT [153 D4]

Eine Betonwüste ist New York nur auf den ersten Blick. Auf den zweiten Blick findet man Grün an jeder Ecke und wilde Tiere von Kojoten über Robben und Wale bis Waschbären. Alleine im Prospect Park soll es rund 250 Vogelarten geben. Im eleganten Bootshaus Audobon Center gibt es dazu häufig 🐷 umsonst Ausstellungen und Führungen. Weil die in sehr unregelmäßigen Abständen stattfinden, am besten vorher im Internet nachschauen. *Lincoln Rd. u. Center Drive im Park | Tel. 1718-*

865-8951 | www.prospectpark.org | Subway: Prospect Park, B, Q, S | Crown Heights/Brooklyn

WASHINGTON SQUARE PARK  [132–133 C–D3]

Für viele ist dieser Park das Herz von New York. Hier ist einfach immer etwas los: Demonstrationen, Künstlerdarbietungen jeder Art, Musikanten, toll designte Spielplätze für Kinder, aber auch für Hunde, in der Mitte ein großer Brunnen, in dem es sich im Sommer herrlich planschen lässt. Ein Muss für jeden Besucher, ob klein oder groß! *Subway: W 4 St., A, B, C, D, E, F, M | West Village/Manhattan*

SPIELE & ACTION

BOOKS OF WONDER [133 D1]

Regale über Regale voller Bücher für die Kleinen und ein Café für die Großen. Dazu wird in New Yorks bestem Kinderbuchladen am Wochenende vormittags kostenlos vorgelesen, *it's storytime*! *18 West 18th St. | Tel. 1212-989-3270 | www.booksofwonder.com | Subway: 14 St.-Union Sq., L, N, Q, R, 4, 5, 6 | Chelsea/Manhattan*

HALLOWEEN ADVENTURE [133 E3]

Ob Halloween, Karneval oder einfach nur Montag – zum Verkleiden ist jeder Anlass gut genug. In diesem Laden geht das nach Lust und Laune und bei riesiger Auswahl umsonst. Und damit nicht genug: Dazu gibt es auch noch häufige Gratis-Zaubershows. *104 4th Av. | Tel. 1212-673-4546 | www.halloweenadventure.com | Subway: 14 St.-Union Sq., L, N, Q, R, 4, 5, 6 | East Village/Manhattan*

CLEVER!

> Wo gibt's gute Tipps für Kinder?

Fast täglich gibt es irgendwo in New York spezielle Veranstaltungen für Kinder, viele davon günstig oder kostenlos. Am besten verschaffen Sie sich schon vor der Reise einen Überblick. Dabei können Webseiten wie *www.timeout.com/new-york-kids* oder der Kinderteil in den wöchentlichen Veranstaltungstipps der „New York Times" (*www.nytimes.com/spotlight/arts-listings*) helfen. Viele New Yorker Eltern holen sich auch Tipps bei *www.achildgrows.com* oder *https://mommypoppins.com/new-york-city*.

LEGO STORE [141 E5]

Günstiger als anderswo sind die Legosteine hier nicht, aber: Man muss nichts kaufen. Stundenlang können Kids bauen, immer wieder gibt es kleine Bespaßungsevents, und die riesigen Legoskulpturen können *for free* bestaunt werden. *650 5th Av. | Tel. 1212-245-5973 | stores.lego.com | Subway: 47–50 St.-Rockefeller Center, B, D, F, M | Midtown/Manhattan*

MACY'S THANKSGIVING DAY PARADE 🐷 [145 D5–137 E3]

Jedes Jahr im November schwebt Spiderman durch die Hochhausschluchten von Manhattan, meist dicht gefolgt von Popeye oder Donald Duck. Die riesigen Ballons sind die Highlights der Thanksgiving-Parade, die mit Musik und Tänzern vom westlichen Central Park bis zum Kaufhaus Macy's zieht. Am Streckenrand zuschauen macht unglaublichen Spaß – noch schöner ist es allerdings am Vorabend rund um das American Museum of Natural History, wenn die gigantischen Ballons aufgeblasen werden. *Thanksgiving: 4. Do im Nov. | Subway: 59 St.-Columbus Circle, A, B, C, D, 1 | Upper West Side u. Midtown/Manhattan*

PUPPETWORKS [152–153 C–D4]

Gutes altes Marionettentheater gibt es in Brooklyn zu sehen. Märchen und

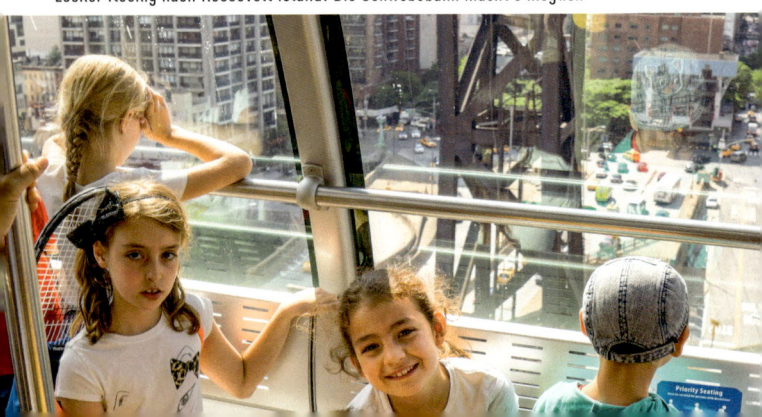

Locker flockig nach Roosevelt Island: Die Schwebebahn macht's möglich

Kinderbücher fantasievoll umgesetzt – davon erzählen viele Kinder noch lange danach. Erwachsene zahlen $ 11, Kinder kommen für $ 10 in den fantasievollen Genuss. *338 6th Av. | Reservierung unter Tel. 1718-965-3391 | www.puppetworks.org | Subway: 7 Av., F, G | Park Slope/Brooklyn*

ROOSEVELT-ISLAND-SCHWEBEBAHN [139 D1]

Insider Tipp

Kein Verkehrsmittel, das es nicht gibt in New York. Mit einer Schwebebahn geht es nach Roosevelt Island, zunächst mit Einblicken in die oberen Stockwerken gelegene Wohnzimmerkultur, dann mit fantastischem Blick auf die Skyline von Manhattan. Auf der Insel im East River angekommen, lohnt sich ein Spaziergang zur Südspitze. Vorbei am nagelneuem Cornell-Tech-Universitätscampus gelangt man zu einer spektakulären Gedenkstätte für den früheren US-Präsidenten Franklin D. Roosevelt – mit noch mehr Panoramablicken auf Manhattan, Brooklyn und Queens. Und dann wird zurückgeschwebt!. 🐷 *Freie Fahrt mit der MetroCard-Wochenkarte (S. 9), sonst $ 2,75 pro Strecke | Subway: Lexington Av., N, Q, R | Upper East Side/Manhattan*

SING SING KARAOKE [145 E4]

Wie wäre es mit „I will always love you"? „Summer of 69"? Oder doch lieber etwas von Justin Bieber? Was auch immer es ist: Trällern Sie nach Herzenslust, es hört ja keiner, denn Sie sind mit Ihren Kids in Ihrem eigenen kleinen Karaokeraum – und das von Sonntag bis Donnerstag vor 21 Uhr für nur $ 4 (sonst $ 8) pro Stunde. *Mo–Mi ab 18, Do–So ab 16 Uhr | Tel. 1212-674-0700 | 81 Av. A | www.singsingavea.com | Subway: Astor Pl., 6 | East Village/Manhattan*

THE UNCOMMONS [132 C3]

Insider Tipp

Auch in New York kann es mal regnen. Oder man braucht einfach eine Pause von all den Eindrücken. Oder man hat Lust auf eine Partie Scrabble. Um all das kümmert sich dieses Spiele-Café. Essen, Trinken und Hunderte Brett- und Kartenspiele in gemütlicher Atmosphäre und für nur $ 5 pro Person. Da kann es schon mal passieren, dass man gar nicht merkt, wie die Zeit vergeht und dass der Regen längst wieder aufgehört hat. *Mo–Do 8.30–24, Fr 8.30–1, So 8.30–23 Uhr | 230 Thompson St. | Tel. 1646-543-9215 | www.uncommonsnyc.com | Subway: Astor Place, 6 | Greenwich Village/Manhattan*

KARTENLEGENDE

Autobahn Motorway		Autoroute Autosnelweg
Vierspurige Straße Road with four lanes		Route à quatre voies Weg met vier rijstroken
Durchgangsstraße Thoroughfare		Route de transit Weg voor doorgaand verkeer
Hauptstraße Main road		Route principale Hoofdweg
Sonstige Straßen Other roads		Autres routes Overige wegen
Einbahnstraße One-way street		Rue à sens unique Straat met eenrichtingsverkeer
Fußgängerzone Pedestrian zone		Zone piétonne Voetgangerszone
Information Information		Information Informatie
Hauptbahn mit Bahnhof Main railway with station		Chemin de fer principal avec gare Belangrijke spoorweg met station
Expressstation Express station		Station exprès Expressstation
U-Bahn Subway		Métro Ondergrondse spoorweg
Sonstige Bahn Other railway		Autre ligne Overige spoorweg
Straßenbahn - Regionalbuslinie Tramway - Regional bus-route		Tramway - Ligne d'autobus régional Tram - Regionaal buslijn
Flughafenbus Airport bus		Bus d'aéroport Vliegveldbus
Anlegestelle Landing stage		Embarcadère Aanlegplaats
Kirche - Sehenswerte Kirche Church - Church of interest		Église - Église remarquable Kerk - Bezienswaardige kerk
Polizeistation - Postamt Police station - Post office		Poste de police - Bureau de poste Politiebureau - Postkantoor
Krankenhaus - Denkmal Hospital - Monument		Hôpital - Monument Ziekenhuis - Monument
Jugendherberge Youth hostel		Auberge de jeunesse Jeugdherberg
Bebaute Fläche, öffentliches Gebäude Built-up area, public building		Zone bâtie, bâtiment public Bebouwing, openbaar gebouw
Industriegelände Industrial area		Zone industrielle Industrieterrein

CITYATLAS
NEW YORK

> Auf der nächsten Seite finden Sie eine *Übersichts-karte* mit den 10 wichtigsten Sehenswürdigkeiten.

> Eine *Umgebungskarte* vom Großraum New York befindet sich auf den Seiten 152/153.

> Das *Straßenregister* (ab Seite 154) enthält eine Aus-wahl der im Cityatlas dargestellten Straßen und Plätze.

NEW YORK IM ÜBERBLICK

NICHT VERPASSEN: Die Top 10 der besten Sehenswürdigkeiten (Die Beschreibungen finden Sie auf den Seiten 14 und 15)

1 mile
2 km

FAIRVIEW

NORTH BERGEN

James J. Braddo
N. Hudson Co
Park

SECAUCUS

WEST NEW YORK

WEEHAWKEN

UNION CITY

Lincoln Tunnel

Madison Square Garden

Chelsea

Hackensack

HOBOKEN

Hudson River

Greenwich Village

N.Y. Univ.

Pulaski Skyway

Holland Tunnel

Houston

Chinatow

Lincoln Park

911 One World Trade Center

Jersey City Med.Cen.

Financial District

JERSEY CITY

Brooklyn Bridge

Liberty State Park

Ellis I. Upper Bay

NEW JERSEY
NEW YORK

Staten Island Ferry

Brooklyn Tunnel

Statue of Liberty

Seite 148 | 149
Seite 150 | 151
Seite 144 | 145
Seite 146 | 147
Seite 140 | 141
Seite 142 | 143
Seite 138 | 139
Seite 137
Seite 134 | 135
Seite 130 | 131

NEW JERSEY
NEW YORK

Harlem River
Hudson River

9A

Columbia
University

Harlem

125th Avenue

Broadway

Lenox Avenue

Fifth Avenue

Park Avenue

St.
110th

Mtt
Harlem River
Drive

87

Deegan
Expressway

Westchester Av.
149th St.
Southern Blvd.
Morris Av.
St.

278

Sound View
Park

Bruckner Expressway

Park
Side
Mus. of
Natural
History

Upper West
Side

Central
Park

Guggenhm.
Museum

Yorkville

East River Drive

Second Avenue
Third Avenue

Downing
Stadium

Randalls
I.

Wards
I.

278

East River

Rikers
Island

La Guardia
Airport

Metropolitan
Museum of Art

hattan

Upper
East
Side

Lincoln
Center
Central Park South
Zoo
m of
rn Art

Roosevelt Drive

Roosevelt I.

Vernon Blvd.

Long Island
City

Ditmars Blvd.
Street

Grand Central Parkway

Brooklyn Queens Expressway

Astoria Blvd.

25a

7

Grand Central
Terminal

state
N.Y. Univ.
Med.Ctr.

Franklin Dr.

E.60th St.

Queensboro
Bridge

25

U.N.
Headquarters

Queens Mid-
town Tunnel

Jackson Av.

Long

21st St.
3rd St.
Steinway

Northern

25a

Queens

Avenue

Boulevard

Jackson
Heights

25a

Blvd.

133

East River

East
Side

McGuinness Blvd.

Island

Blvd.

25

River
Williamsburg
Bridge

278

Greenpoint
Newtown Creek

495

Expressway

Park

Grand St.

Williamsburg

Bushwick Av.
Broadway

Flushing

Grand Av.
Metropolitan Av.

Onderdonk
House

Avenue
Fresh
Pond
Road
Eliot Avenue

Metropolitan Av.

Queens

Expressway

Queens

Pratt
Institute

Brooklyn

Myrtle   Avenue
Cooper   Av.

A 134 B C

North 6th St Ferry

Lillian Wald
Houses

Square
Hamilton
Fish Park
Street

1

Samuel
Gompers
Masaryk
Towers

Baruch

Houses

Columbia

Franklin D

East

River

5

Baruch Pl

Mangin

East River Promenade

North 5th
Metropolitan
North 4th
North 1st
3rd

East River

Grand Ferry Park
Grand

S 1st
S 2nd
S 3rd
S 4th

Kent

Wythe

Berry

2

A.E. Kaza St
Hillman
Houses
Levis St
Corlears
Hook

Broadway

St

Jackson

Houses

Houses
Cherry St
Corlears
Hook
Pk

Street
Gardens

Vladeck Pk

Williamsburg

JMZ

4

Bridge

South
5th

South 6th

Dunham Place

Broadway

1 Dunham Place →

Ave

Street

East River Promenade

Amphitheater

3

3

43

Corlears
Hook

East

River

Schaefer
Landing

South

8th

Street

South

9th

South 10th

Street

Kent

Wythe

Berry

New York Co

Kings Co

11th St

Division

Morton

Juliana
Pl.

Bedford

Wallabout

Channel

4

Wallabout

Bay

Marshall St

Street

Street

Street

Street

Avenue

Little
St.

West St

West Way

West Way

East Way

Front

1 Harrison Alley

Hudson

Evans 1 St

Ship Ways Ave

Navy

Yard

Basin

Kay Ave

Hammerhead Ave

Railroad Ave

Gae

1 Cross Street

Kent

Wythe

Clymer

Ave

Jay

Taylor

Wythe

Ross

Wilson
St

Taylor St

Wilson

Rodney
St.

Wils

Ross
St.

5

Houses

Street

P

Brooklyn Navy Yard
Industrial Park

2nd St

Navy

Morris

McDonough

3rd

Ave

St

Ave

Wautrato

Ave

5th St

Ave

Welding Rd

Assembly Rd

Welding Road

Ave

U.S. Naval
Reserve Center

130

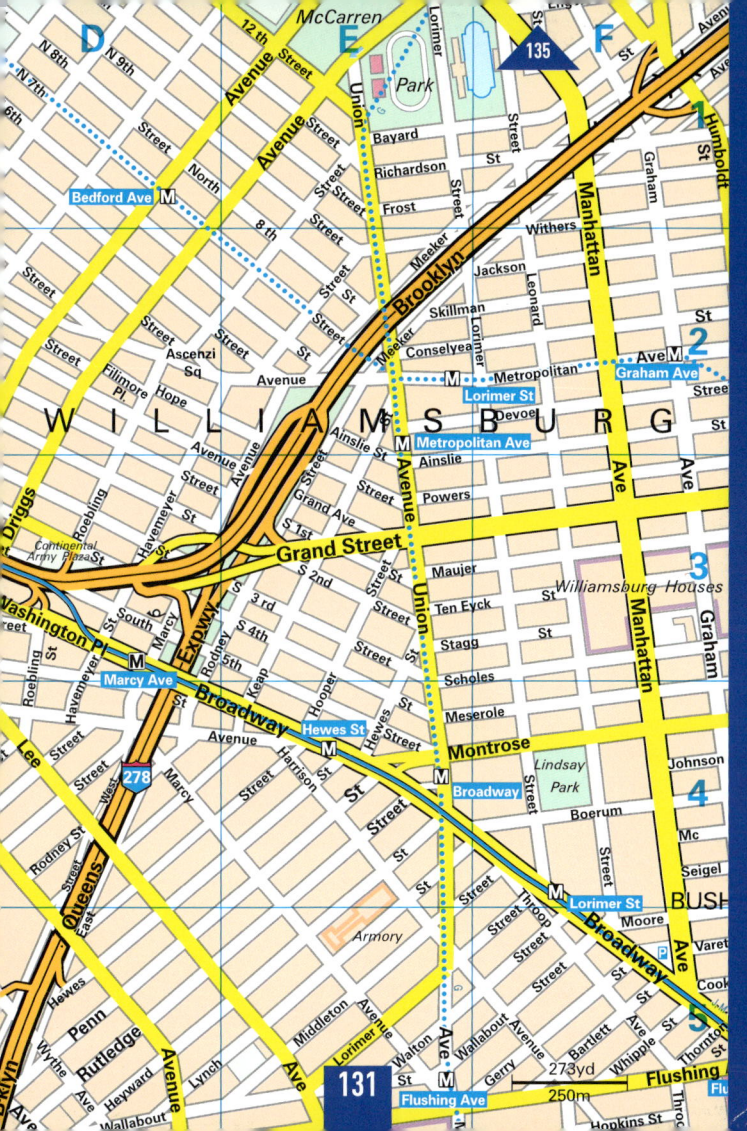

A

138

Phipps Pla...
Mount Carmel Place
First Ave
Street
East
Midtown
Plaza
Street
Plaza
23rd
St

Bellevue
Hospital
Center

Veterans
Administr.
Hospital

Asser Levy Pl.

Drive

Waterside
Plaza
Apartments

Twenty
Fourth
St Park

Peter
Cooper
Cooper
Road

Peter Cooper Village

20th St. Loop

Street

Ave C
Loop

St. Loop

Stuyvesant Oval

John J.
Murphy
Pk.

E 16 th St

E 15 th
Street

Street

Street

Street

C

D

Street

Roosevelt

Haven
Plaza

Village
Towers
East

Szold Pl.

Jakob
Rijs
Houses

th St.

Street

Street

Street

Street

Street

Jakob
Rijs
Houses

P
a
r
k

Lillian Wald
Houses

Avenue

East River Promenade

Houston
St

130

B

7 Manhattan
Marina
and
Midtown Skyport

E 34th St Ferry

East 60th Street

R
i
v
e
r

6

E
a
s
t

Wall Street Ferry

273yd
250m

North 6th St
Ferry

134

C

Hunters Point South
Ferry

Hunters
Point

New York Co

Queen
Kin

Eagle

Freeman

Green

Huro

India St Ferry

Indi

Ja

K

Transm
Par

M

No

Oa

Cal

Quai

Bush

North

North
Bushwick
Inlet
Par

East
River State
Park

N 7th
N 6th

North

A

Lincoln Harbor
Weehawken

273yd
250m

Hoboken 7th St

Colgate/Exchange Place

Wall Street Ferry

Penn- Central Tunnel

West 30 St
Heliport

LIRR
30 th St
Terminal

66

64   Spirit
Cruises

Chelsea
Waterside

Joe

West
Park

62

Chelsea
Equestrian
Center

Chelsea

61   Sports and

Piers

Entertainment
Complex

60

Golf Driving
Range

59

57   "Super Pier"
(under development)

54

53   Bloomfield St

Fire Boat
Station

Whitney Mus.
of American Art

▼ 132

B   West Midtown-
Ferry

76   78

9a

J.K.Javits
Exhibition and
Convention
Center of
New York

West

DiMaggio Highway

West

West

West

West

West

Office &
Residential

Hudson Yards
(under constr. 2025)

Retails
Pavilions

School

The
Shed

West

West

West

West

Joe

Eleventh

West

West

West Side

Mixed
Greens
Gall.

Freight &
Volume Gall.

New Mus.of
Contemp.Art

Dia Center
for the
Arts

Chelsea
Art Mus.

23rd St
Lawn

Eyebeam Art &
Technology
Center

Empire
Diner

IAC
Bldg.

Bellwether
Gall.

Fulton
Houses

Chelsea Market

136

Avenue

Eleventh

Tenth

Street

West

West

West

West

West

Ninth

Street

West
14 th

MEATPACKING

Gansevoort St

8 Ave

C

Silver
Towers

West

West

West

West

West

M   34 St-
Hudson Yards

355
350

50

Retails
15
5 The
Shops &
Restaurants

30

10

US Parcel
Post Bldg.

P

Chelsea

Park

Elliott

Houses

Chelsea
Houses

ART

GALLERY

London
Terrace

General
Theological
Seminary

Cushman
Row

DISTRIC

South Hous

West

CHELSEA

Joyce
Theater

19 th

18 th

17 th

16 th

15 th

M   14 St

Jackson
Square

Seventh

Avenue

M

Eighth

20

South

1

8

273yd
250m

Rivers

Avenue at Port Im

Weehawken
Port Imperial

NEW JERSEY HUDSON CO.
NEW YORK NEW YORK CO.

Park

South

DiMaggio

2

Joe

River

Weehawken
9/11 Memorial

99

98

96

CIRCLE LINE BOAT TOUR

West

Avenue

Power
Plant

8

VIA 57 West

West

3

94

Clinton
Cove Park

West

West

Avenue

West

92

Show
Piers

West

West

90

Manhattan Cruise
Terminal

DeWitt
Clinton
Park

AT&T

West

Women's
Int.
Arts Center

World Financial Center

88

West

West

Pier 11 Wall St

West

West

Irish Arts
Ctr. Theater

4

86

West

West

N.Y.
of

Wall Street Ferry

84

Intrepid
Sea-Air-Space
Museum

West

West

Twelfth

West

West

Pier 83
Circle Line Cruises

81

World
Yacht

West

West

HELLS

St. Cle

Lincoln Tunnel (Toll)

West-Midtown
Ferry

79

KITCHEN

West

West

5

Highway

West

42 nd

St

West Side
Theaters

Silver
Towers

76

137

9a

J.K. Javits
Exhibition and
Convention

140

St Raphael
Theater

Manhattan Plaza

West

West

273yd
250m

Gate

Hallets
Point

YORKVILLE

Church
of the
Holy Trinity

Beth Israel
Hosp. North

Fire Boat
Station

Henderson Pl
Histor. District

Gracie
Mansion
Carl

Schurz

Park

Gracie
Sq.

Gracie
Terr.

East

Drive

John
Jay
Park

Cherokee

Roosevelt

26 th Avenue

27 th Avenue

Astoria

Astoria

Housing

Blvd.

Lighthouse
Park

NYC Health+
Hospitals Coler

Hallets

Cove

Socrates
Sculpture
Park

30 th Rd

30 th Dr

31 st Ave

31 st

Vernon

Boulevard

Broadway

Rd.

Road

West Channel

Roosevelt Island

33 rd

Rainey

Park

Boulevard

The
Noguchi
Museum

33 rd

Road

34 th

13 th Street

14 th Street

33 rd Rd

Avenue

East Channel

Roosevelt Island
Bridge

West

Road

Main

35 th

R. I. D. C.

Correction

Library

NEW YORK CO
QUEENS CO

Ravenswood
Generating
Station

36 th

37 th

Ravenswood

Houses

21 th

Avenue

Street

Avenue

13

501

A   **148**   **B**   **C**

1

21 Cove Lane North
22 Riverview Circle

Bulls Ferry Rd

Bergen Co
Hudson Co

NEW JERSEY
NEW YORK

New York Co

J. F. Kennedy Boulevard

River Road

Roc Harbor Drive

21

22

2

77th St
Palisades
General
Hospital

82nd St

Marine Pl.

Roc
Harbor

H

P

Marine Rd

H u d s o n

9a

River Road

Hudson Rivers

3

6
Lydia Dr.

← 6 Abbie Ct.

Slough Cr

Henry Hudson

A.
V.
We

4

R i v e r

79th Street
Boat Basin

10

West End

West

West

West

West

5

273yd

250m

Hudson Co

New York Co

Highway

Riverside

9

Eleanor
Roosevelt
Monument

West

West

West

West End

West

Ansonia
Hotel

Rutgers

Verdi
Square

M

Blvd

de

West

Riverside

141   **144**

E

151

17

1

Wards

2

Island

Third Ave

Lexington

120 th

119 th

118 th

117 th

116 St

M

116 th

115 th

Jefferson

E 113th St

Houses

112 th

111 th

110 th

109 th

Benjamin

Franklin

Plaza

Woodrow
Wilson
Houses

East River
Housing

Street

Wagner
Houses

First Avenue

Avenue

Street

Pleasant Avenue Street

Street

Street

Street

Street

Street

Street

E 114th St

Jefferson
Park

Street

Paladino Avenue

16

Little Hell Gate

River

Harlem

River

Recreation
Pier

15

Foot Bridge

Manhattan
Psychiatric
Center

P

P

P

H

Kirby-
Forensic
Psychiatric
Center

H

Wards

Manhattan
Children's
Psychiatric
Center

H

Wards

Island

Park

Island

Wards
Island
Park

Triborough Bridge (Toll)

278

5

Triborough Bridge (Toll)

Drive

River

East

14

Mill
Rock
Park

Fire Boat Station

Hell
Gate

273yd

250m

147

5

4

Avenue

Avenue

Avenue

Street

Street

Street

Street

Street

Street

Street

Street

Street

Street

Street

Street

Street

M

0 St

Houses

M

0 St

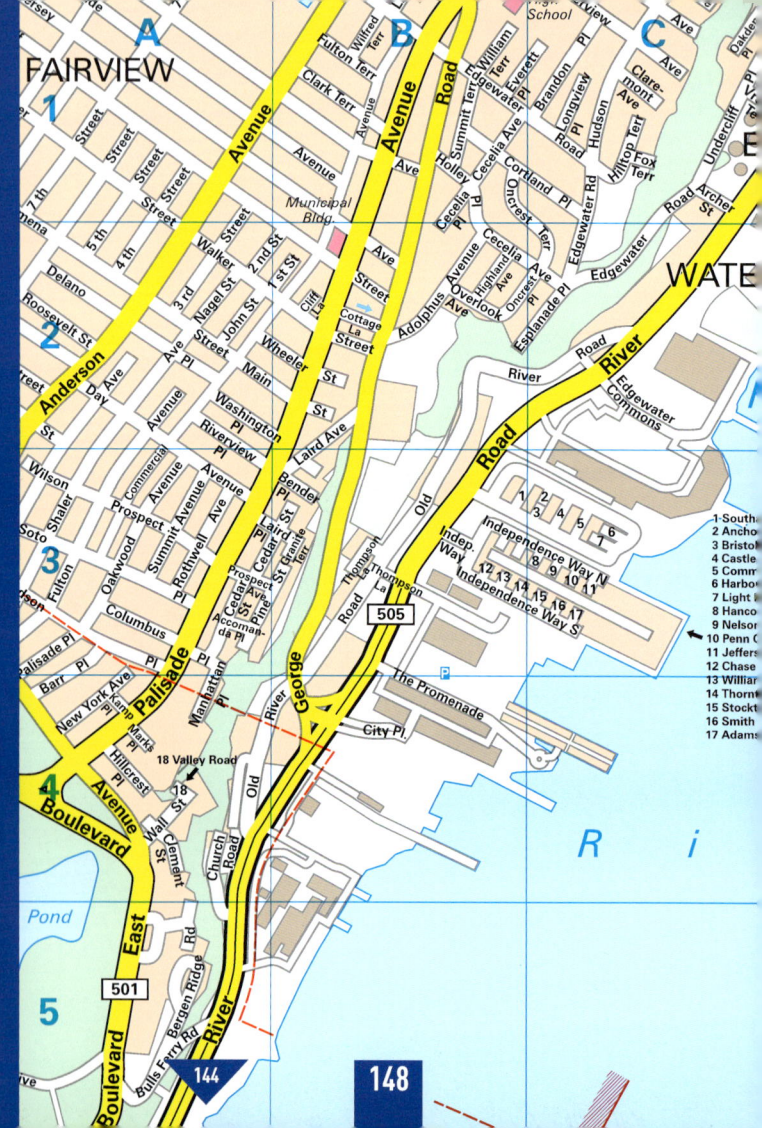

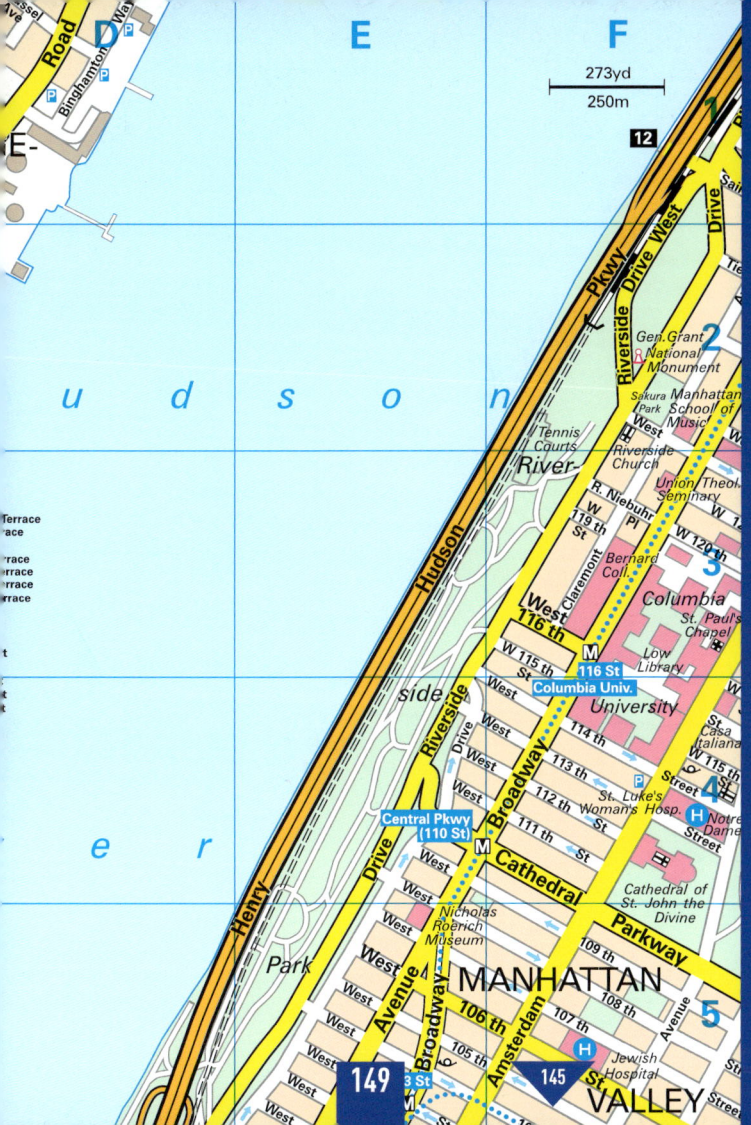

273yd
250m

12

Road

Binghamton Wa

E-

Gen. Grant
National
Monument

Riverside Drive West

Pkwy

Drive

u d s o n

Manhattan
Sakura School of
Park Music

West

Tennis
Courts

Riverside
Church

River-

Union Theol.
Seminary

R. Niebuhr
W Pl
119 th
St

W 120 th

Hudson

Bernard
Coll.

3

Columbia

West
116 th

St. Paul's
Chapel

Claremont

Low
Library

M

116 St
Columbia Univ.

W 115th

West

University

West

side

St.
Casa
Italiana

114 th

Riverside

Drive

West

113 th

St
W 115 th

Broadway

112 th

St. Luke's
Woman's Hosp.

Central Pkwy
(110 St)

M

111 th

Notre
Dame
Street

H

Street

4

Henry

West

Cathedral

St

Cathedral of
St. John the
Divine

St

er

Nicholas
Roerich
Museum

Parkway

109 th

Drive

West

Park

West

MANHATTAN

108 th

West

106 th

107 th

Avenue

5

Amsterdam

Avenue

West

Broadway

105 th

West

149

3 St

145

St

H

Jewish
Hospital

West

M

VALLEY

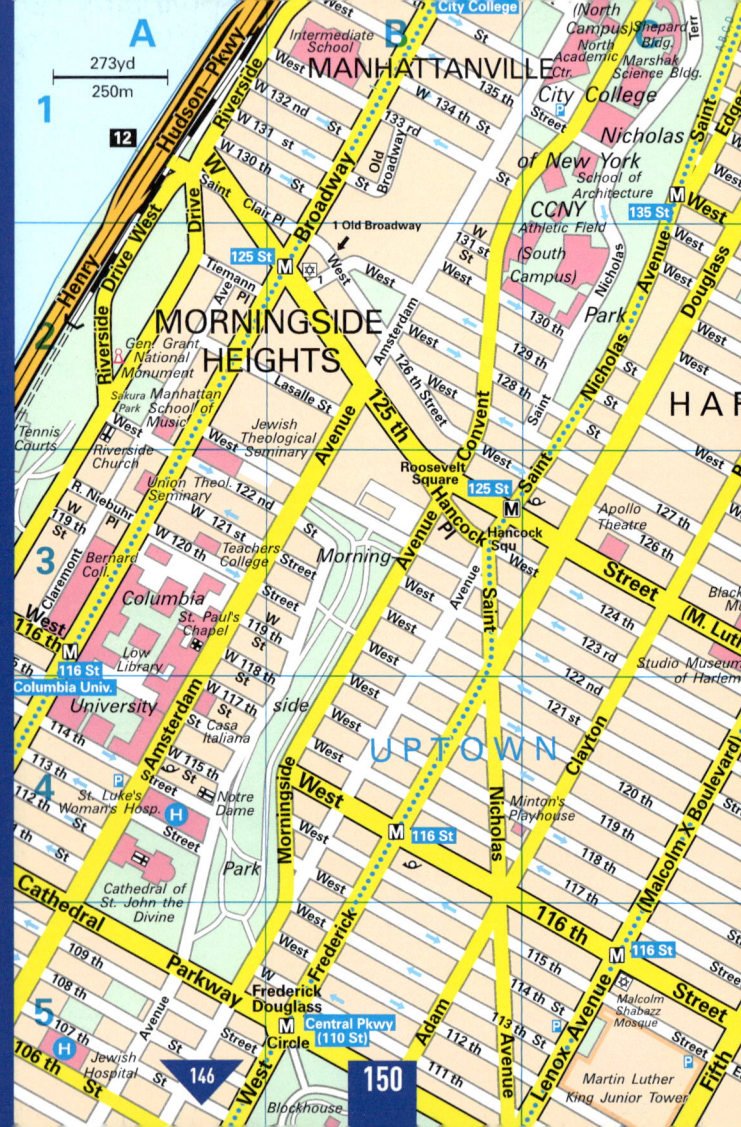

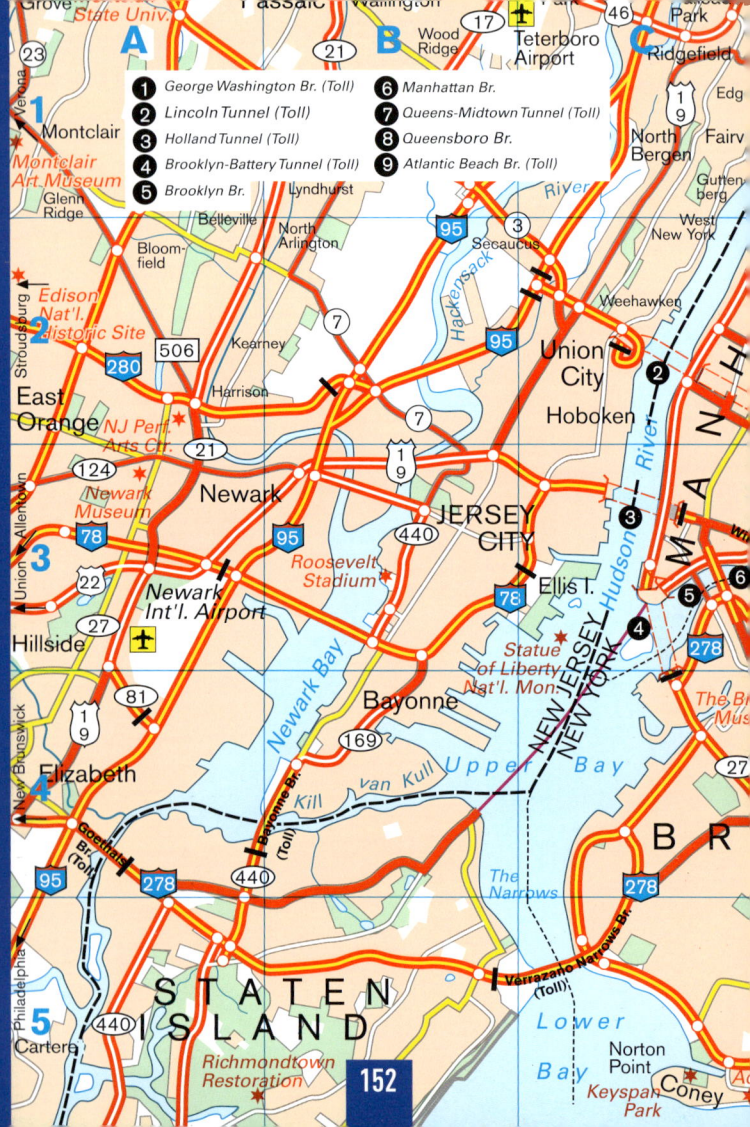

Legend

1. George Washington Br. (Toll)
2. Lincoln Tunnel (Toll)
3. Holland Tunnel (Toll)
4. Brooklyn-Battery Tunnel (Toll)
5. Brooklyn Br.
6. Manhattan Br.
7. Queens-Midtown Tunnel (Toll)
8. Queensboro Br.
9. Atlantic Beach Br. (Toll)

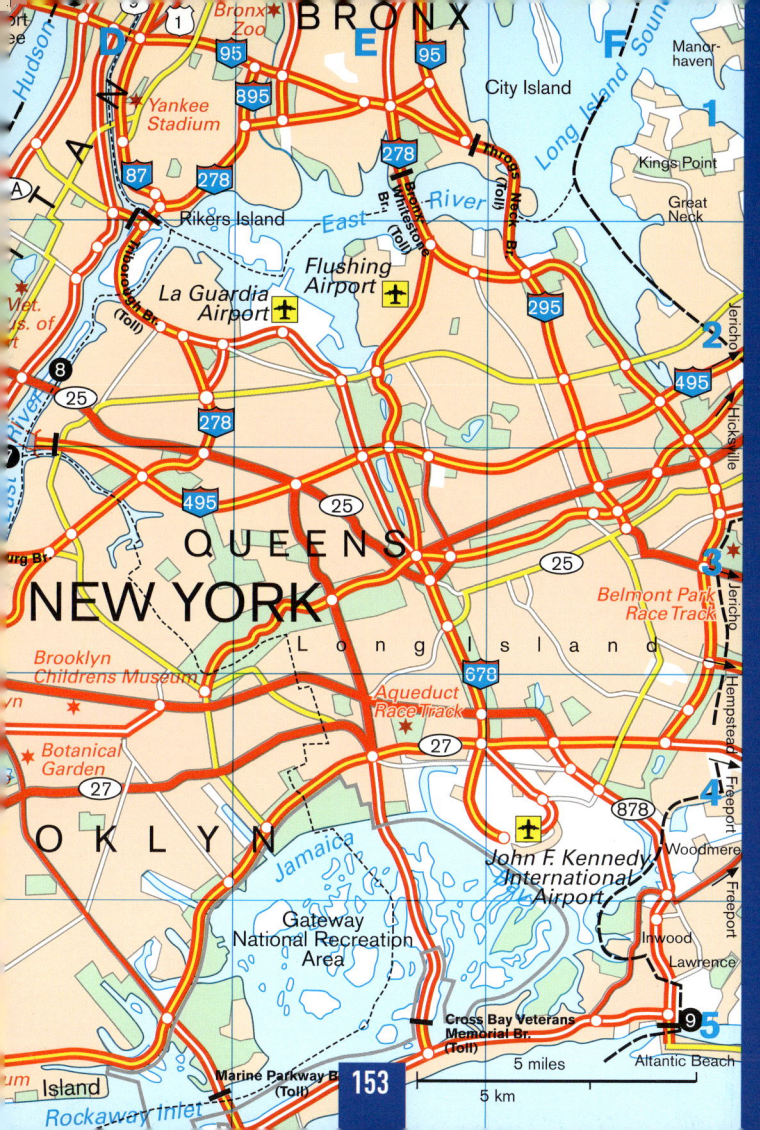

New York
1–145

STRASSENREGISTER

Collister Street 128/B1-132/B5
Columbia Street 130/A2
Columbus Avenue 141/D3-146/A2
Columbus Circle 141/D3
Commercial Street 135/D2
Conselyea Street 131/E2
Convent Avenue 150/B3
Cook Street 131/F5
Cooper Square 133/D3
Cornelia Street 132/C3
Cortlandt Avenue 128/C1
Court Square 139/F4
Cranberry Street 129/D5
Crane Street 139/F4
Crescent Street 139/F3
Crosby Street 129/D1-132/C5

D

Davis Court 139/F5
Davis Street 139/F4
Delancey Street 129/E1
Delancey Street 129/F2
Depew Place 138/A2
Desbrosses Street 132/A4
Devoe Street 131/F2
Dey Street 128/B3
Diamond Street 135/E3
Division Avenue 130/C4
Division Place 135/F5
Division Street 129/D2
Dobbin Street 135/D4
Dock Avenue 130/A5
Dock Street 129/E4
Dominick Street 132/B4
Doughty Street 129/D5
Dover Street 128/C3
Downing Street 132/B3
Driggs Avenue 131/D3-135/E5
Duane Street 128/B2
Duffy Square 137/E1-141/D5
Dupont Street 135/D2
Dutch Kills Street 139/F3
Dutch Street 128/B3

E

Eagle Street 134/C2
East 1st Street 133/D4
East 2nd Street 133/D4
East 3rd Street 133/D4
East 4th Street 133/D3
East 5th Street 133/D4
East 6th Street 133/E3
East 7th Street 133/E3
East 8th Street 133/D3
East 9th Street 133/D2
East 10th Street 133/D2
East 11th Street 133/D2
East 12th Street 133/D2
East 13th Street 133/D2
East 14th Street 133/D2
East 15th Street 133/D2-134/A3

East 16th Street 133/D1-134/A3
East 17th Street 133/D1
East 18th Street 133/D1
East 19th Street 133/E1-137/E5
East 20th Street 133/E1-137/E5
East 21st Street 133/E1-137/E5
East 22nd Street 133/E1-137/E5
East 23rd Street 137/E5
East 24th Street 137/E5
East 25th Street 137/E5
East 26th Street 137/E4
East 27th Street 137/E4
East 28th Street 137/E4
East 29th Street 137/E4
East 30th Street 137/E4
East 31st Street 137/E4
East 32nd Street 137/E4
East 33rd Street 137/E4
East 34th Street 137/E3
East 35th Street 137/E3
East 36th Street 137/E3
East 37th Street 137/E3
East 38th Street 137/E3
East 39th Street 137/E3
East 40th Street 137/E3
East 41st Street 137/F2
East 42nd Street 137/F2-138/A3
East 43rd Street 137/F2
East 44th Street 137/F2
East 45th Street 137/F2-138/A2
East 46th Street 137/F2-138/A2
East 47th Street 138/B2
East 48th Street 137/F1-138/A1
East 49th Street 138/A1
East 50th Street 138/A1
East 51st Street 138/A1
East 52nd Street 138/A1-141/F5
East 53rd Street 138/A1-141/F5
East 54th Street 138/B1-142/A5
East 55th Street 141/F5
East 56th Street 141/F5-142/A5
East 57th Street 138/B1-142/A5
East 58th Street 141/F4
East 59th Street 142/A5
East 60th Street 141/F4-142/A4
East 61st Street 141/F4-142/A4
East 62nd Street 141/F4-142/A4
East 63rd Street 142/A4
East 64th Street 142/A4
East 65th Street 142/A3
East 66th Street 142/A3
East 67th Street 142/A3
East 68th Street 142/A3
East 69th Street 142/A3
East 70th Street 142/A3
East 71st Street 142/B3
East 72nd Street 142/A2
East 73rd Street 142/A2
East 74th Street 142/B2
East 75th Street 142/B2
East 76th Street 142/B2

East 77th Street 142/B2
East 78th Street 142/B2
East 79th Street 142/B2
East 80th Street 142/B1
East 81st Street 142/B1
East 82nd Street 142/B1
East 83rd Street 142/B1-146/A5
East 84th Street 142/B1-145/F5
East 85th Street 142/B1-146/A5
East 86th Street 142/B1-146/A5
East 87th Street 142/C1-146/A5
East 88th Street 146/B5
East 89th Street 146/B5
East 90th Street 146/B4
East 91st Street 146/B4
East 92nd Street 146/B4
East 93rd Street 146/B4
East 94th Street 146/B4
East 95th Street 146/B4
East 96th Street 146/B4
East 97th Street 146/B3
East 98th Street 146/B3
East 99th Street 146/B3
East 100th Street 146/B3
East 101st Street 146/B3
East 102nd Street 146/B3
East 103rd Street 146/C3
East 104th Street 146/C2
East 105th Street 146/C2
East 106th Street 146/C2
East 107th Street 146/C2
East 108th Street 146/C2
East 109th Street 146/C2
East 110th Street 146/C2
East 111th Street 146/C1
East 112th Street 146/C1
East 113th Street 147/D2
East 114th Street 147/E2
East 115th Street 146/C1-150/C5
East 116th Street 146/C1-150/C5
East 117th Street 150/C5
East 118th Street 151/D5
East 119th Street 151/D5
East 120th Street 151/D5
East 121st Street 151/D5
East 122nd Street 151/D4
East 123rd Street 151/D4
East 124th Street 151/D4
East 125th Street (M. Luther King Jr. Blvd) 151/D4
East 126th Street 151/D4
East 127th Street 151/D4
East 128th Street 151/D3
East 129th Street 151/D3
East 130th Street 151/D3
East 131st Street 151/D3
East 132nd Street 151/D3
East 134th Street 151/D3
East 135th Street 151/E2
East 136th Street 151/F3
East 137th Street 151/F3

STRASSENREGISTER

M

Mac Dougal Alley 132/C2
Mac Dougal Street 132/C4
Madison Avenue 137/E5-151/D4
Madison Avenue Bridge 151/E2
Madison Street 128/C3-129/E3
Maiden Lane 128/B4
Main Street 129/E5-143/D4
Mangin Place 130/A1
Manhattan Avenue 131/F1-135/E5
Manhattan Bridge 129/E3
Marcy Avenue 131/D3
Marginal Street 129/F3
Marketfield Street (2) 128/B4
Market Street 129/D2-130/B5
Marshall Street 129/F4-130/A4
Maujer Street 131/E3
McDonough Avenue 130/A5
McGuinness Boulevard 135/E1
McGuinness Boulevard 135/E1
Mc Kibbin Street 131/F4
Meeker Avenue 131/E2
Mercer Street 128/C1-133/D4
Meserole Avenue 135/D4
Meserole Street 131/E4
Metropolitan Avenue 130/C1-131/F2
Middag Street 129/D5
Middleton Street 131/E5
Milton Street 134/C3
Mitchell Place 138/C2
Monitor Street 135/F5-F3
Monroe Street 129/D3
Montgomery Street 129/F2
Montrose Avenue 131/E4
Moore Street 131/F5
Morgan Avenue 135/F3
Morningside Avenue 150/B4
Morris Street 128/A4
Morton Street 130/C4-132/B3
Mosco Street 129/D2
Mott Street 129/D1
Moultrie Street 135/E3
Mulberry Street 129/D1
Mulry Square 132/C1
Murray Street 128/A2

N

Nassau Avenue 135/D5
Nassau Street 128/B4
Navy Street 129/F5-130/A5
Newel Street 135/E3
New Street 128/B4
Newton Street 135/E5
Ninth Avenue 136/B5-137/D2
Noble Street 134/C3
Norfolk Street 129/E2
Norman Avenue 135/D4
North 1st Street 130/C1
North 3rd Street 130/C1
North 4th Street 130/C1

North 5th Street 130/C1-134/C5
North 6th Street 131/D1-134/C5
North 7th Street 131/D1-134/C5
North 8th Street 131/D1-134/C5
North 9th Street 131/D1-134/C5
North 10th Street 134/C5
North 11th Street 134/C4
North 12th Street 134/C4
North 13th Street 135/D4
North 14th Street 135/D4
North 15th Street 135/D4
North Basin Road 139/D3
North End Avenue 128/A2
North Henry Street 135/F3
North Moore Street 128/B1-132/A5

O

Oak Street 134/C4
Old Broadway 150/B1
Old Broadway (1) 150/B2
Old Place 129/D5
Old Slip 128/B4
Oliver Street 129/D2
Orange Street 129/D5
Orchard Street 129/E2

P

Paidge Avenue 135/E1
Paladino Avenue 147/F1-151/F5
Park Avenue 138/B1-151/D5
Park Avenue South 133/E1
Park Row 128/B3
Park Street 128/B2
Pearl Street 128/B4-129/E5
Pearson Place 139/F5
Pearson Street 139/F4
Peck Slip 128/C3
Pell Street 129/D2
Penn Central Tunnel 136/B1
Penn Central Tunnels 138/B5
Penn Place Drive 137/D3
Penn Street 131/D5
Perleman Place 133/F2
Perry Street 132/B2
Peter Cooper Road 133/F2-134/A2
Pike Street 129/E2
Pine Street 128/B4
Pitt Street 129/F2
Platt Street 128/B3
Pleasant Avenue 147/E2
Plymouth Street 129/F5
Pomander Walk 145/D2
Populer Street 129/E5
Powers Street 131/E3
Prince Street 132/C4
Private Street 138/A2
Prospect Street 129/E5
Provost Street 135/E2
Pulaski Bridge 135/E1
Purves Street 139/F4

Q

Quai Street 134/C4
Queensboro Bridge 139/D1
Queens Midtown Tunnel 138/B4
Queens Plaza North 139/F2
Queens Plaza South 139/E2

R

Railroad Avenue 130/B4
Reade Street 128/B2
Rector Street 128/A3
Renwick Street 132/B4
Review Avenue 135/F1
Richardson Street 131/E1
Rider Avenue 151/F3
Ridge Street 129/F1
River Avenue 151/F1
River Road 143/E4
Riverside Boulevard 140/C2
Riverside Drive 144/C5-150/A1
Riverside Drive West 149/F2-150/A2
River Street 130/C2
River Terrace 128/A2
Rivington Street 129/E1-133/D5
Rockefeller Plaza 137/F1-138/A1
Rodney Street 130/C5-131/D4
Roebling Street 131/D3-D4
Ronald E. McNair Place 151/E5
Roosevelt Island Bridge 143/D4
Roosevelt Square 150/B3
Ross Street 131/D4
Russel Street 135/F3
Rutgers Street 129/E2
Rutherford Place 133/E2
Rutledge Street 131/D5
Ryders Alley 128/C3

S

Saint Clair Place 149/F1-150/A1
Saint James Place 128/C3
Saint Johns Lane 128/C1-132/B5
Saint Marks Place 133/E3
Saint Nicholas Avenue 150/C1
Saint Nicholas Terrace 150/C2
Sands Street 129/F5
Scholes Street 131/E4
Second Avenue 133/E4-147/D3
Seigel Street 131/F4
Seventh Avenue 132/B3-137/E3
Sheridan Square 132/C2
Sheriff Street 130/A1-133/F5
Sherman Square 141/E1
Skillman Avenue 131/E2-139/F5
South 1st Street 130/C2-131/E3
South 2nd Street 130/C2-131/E3
South 3rd Street 130/C2-131/E3
South 4th Street 130/C2-131/E3
South 5th Street 130/C2-131/D3
South 6th Street 130/C3
South 8th Street 130/C3

STRASSENREGISTER

West 100th Street **145/E1**
West 101st Street **145/E1-149/E5**
West 102nd Street **145/E1-149/E5**
West 103rd Street **145/E1-149/E5**
West 104th Street **145/E1-149/E5**
West 105th Street **149/E5**
West 106th Street **149/E5**
West 107th Street **149/E5**
West 108th Street **149/E4**
West 109th Street **149/E4**
West 111th Street **149/E4-150/A5**
West 112th Street **149/E4-150/B5**
West 113th Street **149/E4-150/B5**
West 114th Street **149/E4-150/B4**
West 115th Street **149/F3-150/A4**
West 116th Street **149/F3-150/A4**
West 117th Street **149/F4-150/A4**
West 118th Street **150/A3**
West 119th Street **149/F3-150/A3**
West 120th Street **149/F3-150/A3**
West 121st Street **149/F3-150/A3**
West 122nd Street **149/F3-150/A2**
West 123rd Street **149/F2-150/A2**
West 124th Street **150/B3**
West 125th Street
   (M. Luther King Jr. Blvd)
   150/A1
West 126th Street **150/B2**
West 127th Street **150/B2**
West 128th Street **150/B2**
West 129th Street **150/B2**
West 130th Street
   149/F1-150/A1
West 131st Street **150/A1**
West 132nd Street **150/A1**
West 133rd Street **150/C2**
West 134th Street
   150/C2-151/D2
West 135th Street **150/B1**
West 136th Street **150/C1**
West 137th Street **150/C1**
West 138th Street
   150/C1-151/D2
West 139th Street **150/C1**
West 140th Street **150/C1**
West 141th Street **151/E1**
West Broadway **128/B2-132/B5**
West Drive **141/E3-146/A3**
West End Avenue
   140/C3-145/E2
West Houston Street **132/B3**
West Road **139/D1-143/D4**
West Street **130/A5-134/C2**
West Thames Street **128/A3**
Whipple Street **131/F5**
Whitehall Street **128/B4**
White Street **128/C1**
Willett Street **129/F2**
Williamsburg Bridge **130/A2**
William Street **128/B4**
Willis Avenue Bridge **151/F5**

Wilson Street **130/C4**
Withers Street **131/F2**
Wooster Street **128/C1-132/C5**
Worth Street **128/B1**
Wythe Avenue **130/C3-131/D5**
Wythe Place **130/C4**

Y

York Avenue **142/C5**
York Street **128/C1-132/B5**

New Jersey
1–82

1st Street **148/A2**
2nd Street **148/A2**
3rd Street **148/A2**
4th Street **148/A2**
5th Street **148/A2**
7th Street **148/A1**
77th Street **148/A2**
82nd Street **148/A2**

A

Adolphus Avenue **148/B2**
Anderson Avenue **148/A2**
Archer Street **148/C1**

B

Bergen Ridge Road **144/A1-148/A5**
Binghamton Way **149/D1**
Bulls Ferry Road **144/A1-148/A5**

C

Cecelia Avenue **148/B1**
Cedar Street **148/A3**
Church Hill Road **148/A4**
Claremont Avenue **148/C1**
Clark Terrace **148/B1**
Clement Street **148/A4**

D

Day Avenue **148/A2**

E

Edgewater Commons **148/C2**
Edgewater Road **148/B1**

F

Fox Terrace **148/C1**
Fulton Avenue **148/A3**
Fulton Terrace **148/B1**

G

George Road **148/B4**

H

Hilltop Terrace **148/C1**
Hudson Terrace **148/C1**

I

Independence Way **148/B3**
Independence Way North **148/B3**
Independence Way South
   148/B3

J

John F. Kennedy Boulevard East
   144/A2
John Street **148/A2**

L

Laird Avenue **148/B3**
Lindberg Avenue **148/B1**

M

Main Street **148/A2**
Marine Road **144/A2**

N

Nagel Street **148/A2**
New York Avenue **148/A4**

O

Oakdene Terrace **148/C1**
Oakwood Avenue **148/A3**
Old River Road **148/A4**
Oncrest Terrace **148/B1**
Overlook Avenue **148/B2**

P

Palisade Avenue **148/A4**
Pine Street **148/A3**

R

River Road **144/A1-148/A5**
Roc Harbor Drive **144/A1**
Roosevelt Street **148/A2**
Rothwell Avenue **148/A3**

S

Shaler Avenue **148/A3**
Summit Avenue **148/A3**
Summit Terrace **148/B1**

T

The Promenade **148/B4**

U

Undercliff Avenue **148/C1**

V

Vreland Terrace **148/C1**

W

Walker Street **148/A2**
Wall Street **148/A4**
Wheeler Street **148/A2**
William Terrace **148/B1**
Wilson Prospect **148/A3**

ABC

Im Register finden Sie alle in diesem Reiseführer beschriebenen Sehenswürdigkeiten, Museen und Ausflugsziele.

REGISTER

IMPRESSUM

SCHREIBEN SIE UNS!

> **Liebe Leserin, lieber Leser,**

wir setzen alles daran, Ihnen möglichst aktuelle Informationen mit auf die Reise zu geben. Dennoch schleichen sich manchmal Fehler ein – trotz gründlicher Recherche unserer Autoren/innen. Sie haben sicherlich Verständnis, dass der Verlag dafür keine Haftung übernehmen kann.

Wir freuen uns aber, wenn Sie uns schreiben.

Senden Sie Ihre Post an die
MARCO POLO Redaktion
MAIRDUMONT, Postfach 31 51
73751 Ostfildern
info@marcopolo.de

IMPRESSUM

Fotos: R. Aichinger (1); R. Griffin (101); Hotel Le Bleu (101); huber-images: R. Spila (24/25); C. Messina (19, 67, 79, 86, 96); Schapowalow/eStock Photo: Lumiere (51, 64, 74, 91, 110), G. Simeone (122), C. Uripos (26, 54/55); Schapowalow/Matto: A. Bartuccio (8), P. Canali (41), F. Carovillano (36), M. Rellini (162), G. Simeone (117); Standard Hotel (113); Woodflawn Cemetery (47)

4., aktualisierte Auflage 2019
© MAIRDUMONT GmbH & Co. KG, Ostfildern
Gesamtredaktionelle Betreuung: derschönstesatz (Ronit Jariv), Köln
Lektorat und Satz: Susanne Schleußer
Autoren: Christina Horsten, Felix Zeltner, Alrun Steinrück
Kartografie Cityatlas: © MAIRDUMONT, Ostfildern
Gestaltung Cover: Michael Schipke, MAIRDUMONT; Innengestaltung: Katharina Kracker

MIX
Paper from
responsible sources
FSC® C015829

Bild: Skylinegucken unter der Brooklyn Bridge

48 h

> Das perfekte Spar-Wochenende: Wir haben Ihnen zwei Tage voller Tipps aus diesem Büchlein zusammengestellt und mit den normalen Preisen verglichen.

> **SA** Nach dem Kauf einer **Unlimited Ride MetroCard 7-Day Pass** *(S. 9)*, mit der Sie so viel U-Bahn und Bus fahren können, wie Sie wollen, steuern Sie zum Frühstück das **Waverly Diner** *(S. 64)* an. Frisch gestärkt geht's ins kostenlose **Museum of the American Indian** *(S. 27)*, um gleich im Anschluss die **Staten Island Ferry** *(S. 38)* zu besteigen. Der Traumblick auf Manhattan, Freiheitsstatue und Ellis Island ist ein echter New-York-Moment. Nach diesem Ausflug fahren Sie zu **Eisenberg's Coffee Shop** *(S. 57)*. Nachmittags lockt das **Guggenheim Museum** *(S. 14)* mit moderner Kunst und seinem originellen Gebäude. Bei **Tacombi @ Fonda Nolita** *(S. 54)* lassen Sie sich danach Tacos schmecken, um dann noch bei einem günstigen Konzert ein Bier in der Bar **Pete's Candy Store** *(S. 90)* zu zischen. Danach fallen Sie bei Ihrem **Couchsurfing-Gastgeber** *(S. 104)* erschöpft und glücklich ins Bett.

> **SO** Nach einem relaxten Frühstück mit Milchkaffee bei **Amy's Bread** *(S. 49)* springen Sie in die Subway nach Brooklyn, um einen **Gospelgottesdienst** *(S. 45)* zu erleben. Beschwingt laufen Sie anschließend über die **Brooklyn Heights Promenade** *(S. 37)* im gleichnamigen historischen Viertel und stärken sich zum Lunch bei **Henry Public** *(S. 86)*. Direkt zum **Strand von Coney Island** bringt Sie nach einem kleinen Spaziergang die Subway (Linien 4/5 und Q). Über den berühmten Boardwalk gelangen Sie zum skurrilen **Coney Island Museum** *(S. 43)*. Zurück in Manhattan steht Shopping auf dem Programm: Stöbern Sie im ausgefallenen Sortiment des **Pearl River Mart** *(S. 77)* nach tollen Mitbringseln, bevor es Dumplings beim **Nom Wah Tea Parlor** zum Abendessen gibt *(S. 61)*. Zum Abschluss lockt das **Upright Citizens Brigade Theater** *(S. 33)*, wo Sie mit bekannten Comedians und Schauspielern den Tag beschließen.

LOW BUDGET
WEEKEND

	LOW BUDGET		REGULÄR	
SA				
MetroCard (7 Tage freie Fahrt)	$ 32,00	6 Einzelfahrten		$ 16,50
Waverly Restaurant	$ 2,95	Diner Frühstück regulär		$ 5,50
Museum of The American Indian	🐷	Metropolitan Museum		$ 25,00
Staten Island Ferry		Circle Line		$ 42,00
Eisenberg's Coffee Shop (Sandwich)	$ 8,00	Sandwich regulär		$ 12,95
Guggenheim Museum	🐷	Guggenheim Museum regulär		$ 25,00
Tacombi @ Fonda Nolita	$ 8,00	Mexikanisches Restaurant		$ 20,00
Pete's Candy Store	$ 4,00	Abend im Club (Eintritt, 1 Bier)		$ 28,00
Übernachtung Couchsurfing	🐷	Budget-Hotel		$ 150,00
SO				
Amy's Bread	$ 4,75	Frühstück regulär		$ 16,50
MetroCard	🐷	6 Einzelfahrten		$ 15,00
Gospelgottesdienst	🐷	Gottesdienst mit organiserter Tour		$ 55,00
Lunch bei Henry Public	$ 10,00			
Coney Island mit Museum	$ 5,00	Lunch im Restaurant		$ 20,00
Souvenir im Pearl River Mart	$ 5,00	Madame Tussaud's		$ 34,00
Nom Wah Tea Parlor	$ 15,00	Souvenir regulär		$ 15,00
Upright Citizens Brigade Theater	$ 5,00	Japanisches Restaurant		$ 30,00
		Theaterkarte (Off Broadway)		$ 60,00
GESAMT	**$ 99,70**	**GESAMT**		**$ 570,45**

> **GESPART $ 470,75**

48 h

> Kein großes Budget – und trotzdem Luxus-Urlaub? Kein Problem. Vorhang auf für zwei Tage Luxus Low Budget, inklusive Vergleich zu den regulären Preisen.

> **SA** Beginnen Sie Ihren Tag mit einem eigens von Dominique Ansel kreierten, ultimativen Cronut in seiner **Bakery** *(S. 51)* in der Spring Street. Damit sind Sie ideal für eine Privattour von **Big Apple Greeter** *(S. 11)* durch ein Viertel Ihrer Wahl gerüstet. Nach dem Fußmarsch schlemmen Sie zur Erfrischung erst einmal Austern im **Restaurant Ulysses** *(S. 69)*. Im Anschluss bewundern Sie schicke Mode im **Museum at the FIT** *(S. 27)*, bevor es ans Shoppen geht: Im dritten Stock von **Tiffany's** *(S. 83)* finden sich Stücke des berühmten Juweliers zu fairen Preisen. Hungrig? Dann auf einen Sprung in den edlen **Chelsea Market** *(S. 68)* und eine köstliche *lobster roll* schnabulieren. Springen Sie in ein Taxi, das Sie in den Theater District fährt, wo Sie mit günstigen Karten der **TKTS Booth** *(S. 30)* ein Musical sehen. Danach ab ins Hotel: Der Blick aus dem **Standard** *(S. 112)* ist nachts atemberaubend!

> **SO** Sonntag ist der richtige Tag, um ihn mit einem edlen Brunch-Menü beim Nobel-Japaner **Nobu** *(S. 69)* zu beginnen. Das macht nicht nur satt, das bringt auch in die passende Stimmung für einen Streifzug durch die **Galerienwelt in Chelsea** *(S. 23)*. Nach einer kleinen Pause in der niedlichen **Crooked Tree Creperie** *(S. 57)* im East Village mit Aprikosencrêpe betreten Sie gestärkt den Designer-Discountladen **Century 21** *(S. 82)*: Greifen Sie sich das Armani-Jackett für $ 240, das zum regulären Preis mal ganz locker $ 790 kosten kann! Danach lassen Sie sich in der **Oyster Bar** im Grand Central *(S. 58)* in stilvoller Atmosphäre Austern oder eine Fischsuppe schmecken. Zum Abschluss des Tages werfen Sie einen Blick hinter die roten Samtvorhänge der **Rockwood Music Hall** *(S. 94)*. Klein, aber fein ist dieser Club, mit Livemusik von erstaunlicher Qualität und gutem Rotwein.

LOW BUDGET
LUXUS WEEKEND

LUXUS LOW BUDGET

SA

MetroCard (7 Tage freie Fahrt)	$ 32,00
Dominique Ansel Bakery	$ 8,50
Big Apple Greeter Privattour..........................	🐷
Lunch im Restaurant Ulysses	$ 25,00
Museum at the FIT	🐷
Tiffany's (Schlüsselanhänger)..	$ 90,00
Chelsea Market (Lobster).......	$ 18,50
Broadway-Musical (TKTS Booth)	$ 70,00
Übernachtung The Standard ...	$ 330,00

SO

MetroCard (7 Tage freie Fahrt)	🐷
Brunch bei Nobu	$ 35,00
Galerien in Chelsea..............	🐷
Crooked Tree Creperie............	$ 6,50
Century 21 (Armani-Jackett)....................	$ 240,00
Grand Central Oyster Bar........	$ 20,00
Rockwood Music Hall............	$ 10,00

REGULÄR

6 Einzelfahrten	$ 16,50
Gourmet-Frühstück regulär	$ 20,00
Exklusive Sightseeing Bustour	$ 49,00
Lunch im Midtown Restaurant	$ 35,00
Wall Street Tour..................	$ 35,00
Tiffany's (Schlüsselanhänger)..	$ 160,00
Lobster im Restaurant	$ 25,00
Broadway-Musical regulär.......	$ 130,00
Übernachtung Ritz Carlton	$ 450,00

6 Einzelfahrten	$ 16,50
Austern und Champagner regulär	$ 40,00
MoMA	$ 25,00
Café regulär	$ 12,00
Armani-Jackett regulär...........	$ 790,00
Dinner im Luxusrestaurant	$ 150,00
Reguläres Konzert	$ 80,00

GESAMT...................	**$ 885,50**	**GESAMT**...................	**$ 2034,00**

> GESPART $ 1148,52

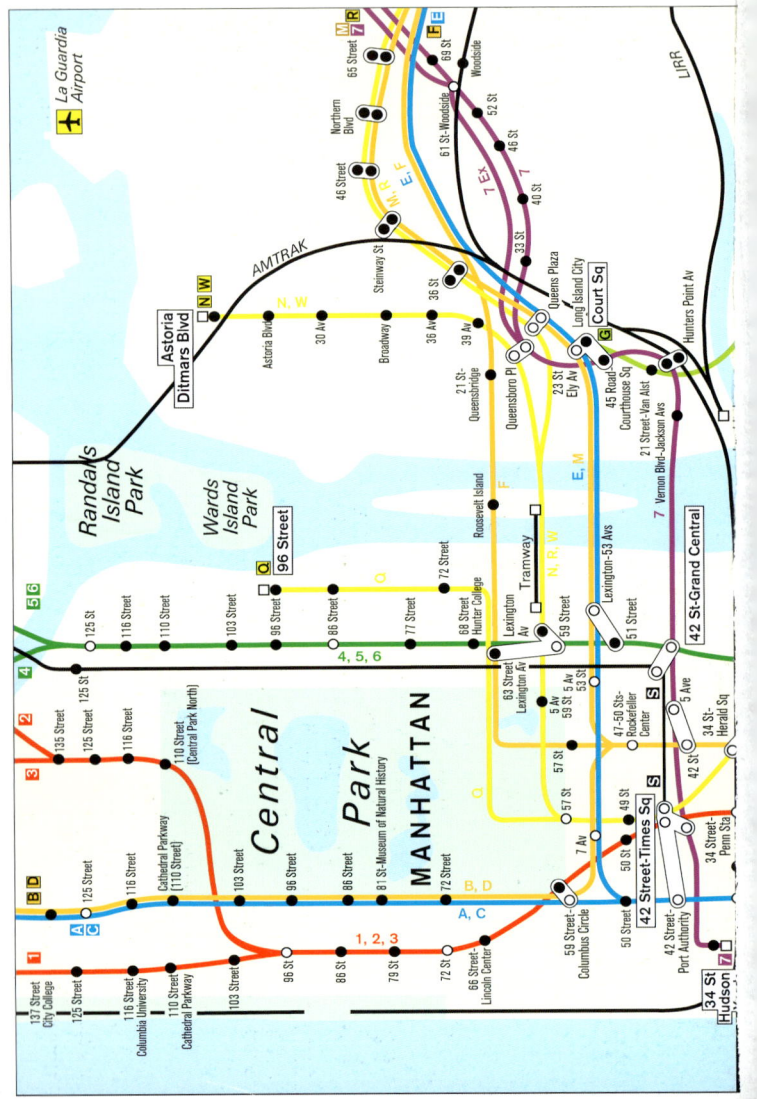